これだけは知っておきたい ほんとうの昭和史

渡部昇一
Watanabe Shoichi

致知出版社

まえがき

櫻井よしこ

いま、私たちは歴史の大きな転換点に立っている。米国の対外政策が「アメリカファースト」の考えの下、急速に内向きになり、中国が覇権争いに積極攻勢を見せる。その中で始まった米中貿易戦争は経済の枠組みを超えて根深い価値観の戦いへと変化を遂げている。加えて中国湖北省武漢市で発生した新型コロナウイルスが世界に広がり、国際政治に暗い影を落とした。日本は国際社会の複雑な動きを見極めたうえで道を切り開かなければならないが、そのような時、渡部昇一さんの歴史の見方が大いに役立つに違いない。

『これだけは知っておきたいほんとうの昭和史』には渡部さんの体験と実感が織り込まれ、実に学ぶところの多い書となっている。博覧強記の渡部さんはズバリ、本質に迫って歴史を語ってみせる。

昭和十五年の夏の終わり、小学校五年生だった渡部さんは、当時オランダ領だったインドネシアのバタビア（ジャカルタ）での石油交渉に日本が悉く失敗したことについて、大きな衝撃を受けた。わずか十歳か十一歳の小さな子供がなぜ日本の石油資源に強い関心を抱いたのか。渡部さんはこう語っている。

「八つぐらい年上の上級生が戦争に行っています。だから小学五年生といえども戦争にはものすごく敏感でした」

石油がなければ船も飛行機も動けない。戦争もできない。幼いながら、切実にそう感じていたのだ。子供も大人も国の在り方や国際情勢に無関心ではいられず、皆が一生懸命に生きていた時代の、なんと生々しいくだりであろうか。

渡部さんの、山本五十六と西郷隆盛の比較も興味深い。二人は各々、その生きた時代を背負った英雄である。日本国の運命が大転換する場面で、中心的役割を果たした。

西郷は江戸城の無血開城を成し遂げ、全大名にそれまでの特権を返上させた。山本は真珠湾攻撃を成功させた軍神だ。

しかし二人とも、大成功のあと、苦しみの時代に入る。西郷は西南の役で、山本はミッドウェー海戦で、命を落とした。この二つの戦いを、渡部さんは「らしくない」戦いだと見做す。二人は大きな歴史の潮流の中で、読みを間違えたというのだ。詳細は本書に譲るとして、本書の面白さはこのような渡部さん独特の歴史の解釈にある。

国家と国民の間に、安定した信頼関係と絆があり、日本全体が心情的にまとまりやすかった時代の、日本人の足跡を辿ったのが本書である。日本の近未来を考える時、過去の歴史や体験は大いに参考になる。だからこそ、いま、多くの人たちに本書を手にとってほしいと願う。

令和二年三月

これだけは知っておきたいほんとうの昭和史　目次

第一章　「坂の上の雲」の向こうに日本が見たもの

第二章　ホーリー・スムート法と全体主義の擡頭

第三章　何が軍部を独走させたのか
——統帥権干犯問題と軍部大臣現役武官制

第五章　米ソ対立のはざまで輝いた戦後の日本

装幀――秦　浩司
帯写真――坂本泰士
編集協力――柏木孝之

第一章

「坂の上の雲」の向こうに日本が見たもの

◉世界に怖いものがなくなった日露戦争後の日本

司馬遼太郎さんが『坂の上の雲』という歴史小説を書きました。あれは明治の終わりの日露戦争を描いたものです。日露戦争に勝って日本は坂の上にのぼったというわけですが、これではその後はずっと下り坂だったのかという印象を与えかねません。坂の上にのぼったら雲があって、それを眺めていたら下は崖だったというような感じさえします。ところが実際は、日露戦争が終わった後の日本は実に良い日本になりつつありました。世界に怖いものがなくなったと言ってもいいでしょう。

日本が怖かったのは黒船とロシアです。特にロシアは地続きに近い位置関係にありましたから非常に警戒していたのですが、戦争に勝って怖くなくなったわけです。日本の周辺国で、海岸を持っていて日本に脅威を与えそうな国はなくなりました。

そういうことで日本は安心できる国になり、議会制度も急速に発達しました。当時は総理大臣が非常に尊敬されましたけれど、日露戦争の時に総理大臣を務めた桂太郎でさえ大正になると政権交代の順序が不手際だと議会で非難されて辞めています。その頃にはもう議会制度が根付き始めていました。

そんな時、第一次世界大戦が起こりました。この世界大戦で日本は儲け放題に儲けたと言ってもいいでしょう。あの戦争で一番儲けたのはアメリカと日本です。他のヨーロッパの先進国はみな戦争をしています。その脇で、戦争に入らない国がどれほど儲かるものなのかというのは、朝鮮戦争やベトナム戦争が証明しています。これらは小さな戦争でしたが、日本は大きな経済的恩恵を受けました。いわんや第一次大戦は先進国がみな参加した世界を挙げての大戦争です。そこで商品を売りまくったことにより、日本は重工業の基礎を築きました。日本でも軍艦がつくれるようになったのはあの戦争のお陰です。

しかも当時は日英同盟がありましたから、日本は世界中に怖いものがなかったのです。イギリスは律義な国ですから重要な情報はみな教えてくれました。

そういうようなわけで、日露戦争後の日本は誠に良い状況にあったのです。

アメリカとはちょっとした問題がありました。移民に関する問題です。しかし、第一次大戦が起こってそれどころじゃないという話になり、一九一七（大正六）年十一月に日本の石井菊次郎特命全権大使とアメリカのロバート・ランシング国務長官が話し合って石井・ランシング協定を締結しました。これ以降、移民を禁ずるという日本のメンツを潰すようなことをアメリカは言わなくなりました。その代わり、日本も無尽蔵に移民を送るようなことはしないという非常に温和な形で話がまとまったのです。

　このままいけば日本は誠に健やかな議会制度も成熟していったでしょうし、経済も繁栄していったはずです。ところが、一九一八（大正七）年に世界大戦が終わりますといろんなことが起こりました。良い面で言えば、大戦が終わった翌々年の一九二〇（大正九）年に国際連盟ができました。日本は常任理事国になり、新渡戸《にとべ》稲造さんが副議長という大変な地位につきました。常任理事国というのはやはり偉いものなのです。今の国連でも中国が威張っているのは常任理事国だからです。日本は理事国でさえありませんから、国際的な場では非常に弱い立場なのです。

　ところが、日本は有色人種として初めて国際連盟という世界で最初にできた連盟の常任理事国に入りました。その当時、五大陸軍国、三大海軍国といって大きな国がありました。そのうち、世界大戦のためにロシア帝国がなくなりました。オーストリア・ハンガリー帝国という大きな帝国もバラバラになりました。それからドイツ帝国が敗北しました。残った国は、イギリス、フランス、アメリカ、日本、それからちょっと格は落ちますけれどイタリアです。世界中で先進国と言われるのは、この五か国しか残らなかったのです。だから、日本は大変いい気分になり得たわけです。

　しかも、のちに返還することにはなりましたが、ドイツがシナに持っていた植民地をもらいました。青島《チンタオ》などがある山東半島です。それから日本人を喜ばせたのが、太平洋のたくさんの島々です。マーシャル、キャロライン、ヤップといった赤道付近のドイツ領であった島々は、グアムを除くほとんどすべてが日本の委任統治領になりました。これは「海洋国日本」というので非常に日本人を喜ばせました。我々が子供の頃も「海洋冒険物語」というと、よく南洋の島が舞台として出てきました。このように第一次大戦直後は万事うまくいったような感じでした。

◉日本に仇なす二つの勢力

ところが、絶対日本にうまくやらせないぞという勢力が二つありました。一つはアメリカ、もう一つは革命後のソ連です。ソ連で革命が終わったのは第一次大戦の終わる一年前の一九一七（大正六）年です。当初はどうということはなかったのですが、何しろ特殊な思想運動ですから、やがて日本に仇《あだ》をなすようになりました。

坂の上にのぼって雲を見ていたらその先に光り輝く大平原が延びていたのですが、しばらくそこを行くと東と西から暗い黒雲が押し寄せてきた。大正末期から昭和の初めはそういう感じでした。あまりにも日本がうまくいったので、それを許さないという勢力が勃興してきたのです。

アメリカは、日露戦争の時は日本に同情的だと言われていました。確かにアメリカ大統領セオドア・ルーズベルトは同情的でした。しかし、その同情の精神は日露戦争の終わり頃になるとすでに変わりつつありました。そのきっかけとなったのは日本海海戦です。日本海海戦で日本がロシアにあんな勝ちっぷりをするとは思わなかったのです。

アメリカが日露戦争で日本に好意的だったのは、ロシアがどんどん南下してきて満洲を取り、朝鮮半島に下り、北シナにも下りてくるという状況で、これを止める力が日本以外になかったからです。だから、ロシアと戦っている日本を援助しようという気分だったのです。ところが、海軍の勝利というのは特別です。陸軍の戦いならば国力の劣った国が先進国に勝つ場合もありえますし、勝ったところで影響力は少ないのです。ところが海の戦いは歴史を変えてしまいます。それは先進国の人はみな知っていました。

例えばギリシャの時代にサラミスの海戦で負けたペルシャは出てこられなくなりました。今から見れば小さな海戦ですが、それでも海で負けると出てこられなくなるのです。

それから中世にイスラムのオスマン帝国が地中海を席巻していた頃、その勢いに終止符を打ったのが、一五七一年のレパントの海戦でした。日本でいえば、信長が浅井・朝倉連合軍と戦った姉川の戦いが起こった頃です。レパントの海戦は、ギリシャのコリント湾沖合で起こった海の戦いですが、これでオスマン帝国の海軍が全滅しました。それ以来、つまり十六世紀後半以来、イスラムはアジア・ヨーロッパに対して力を失っていきました。

もっと近い例では、ナポレオンがトラファルガーの海戦でイギリス海軍に負けて、結果的にアメリカにあった広大なフランス領もみな捨てなければなりませんでした。

そうした歴史をセオドア・ルーズベルトはよく知っていました。だから、初めは日本を大切にしようと言っていましたが、日本海海戦の勝ちっぷりを見て考え込むわけです。これは、えらいことだと。

日露戦争の調停はアメリカがしてくれました。日本はそれをありがたく思っていたのですけれど、後からよく考えると、日本のために調停をしたわけでもないということがわかってきました。本当にアメリカが日本に同情的だったとしたら、ロシアに対して樺太《からふと》は全部日本にあげなさいと言ってもよかったのです。賠償金も少し払いなさいと言ってもよかった。しかし、そうはしなかったのです。

さらに、今ではわかっていることですが、その頃のロシアは戦争を続行できる状態ではなかったのです。ポーツマス条約にウィッテというロシアの代表が来ました。このウィッテがポーツマスに行く途中、ドイツのベルリンでメンデルスゾーン一家と会っています。メンデルスゾーンというのはユダヤ人の銀行家です。ウィッテはこのユダヤ人の銀行家たちと話をしてからポーツマスに行っているのです。

そこで話した内容は、ウィッテの回顧録でわかりました。ウィッテはこう言われるのです。「もうあなたの国はダメだ、陸軍は一度も勝たなかったし、海軍はいなくなってしまった。そして国内情勢は極めて不穏。今、平和交渉をまとめなければ、我々は貸した金の回収に当たりますよ」と。だから、ウィッテは物凄い重圧を感じながらポーツマスに行ったわけです。

それでも彼は外交官ですから、和平交渉では強気に突っ張りました。当時のロシアの事情は日本にはわかりませんから強気で押したのです。そして講和条約が成立した時、ウィッテは「講和条約成立」という電報を打ちます。本来であれば、最初にロシア皇帝に知らせるところですが、ウィッテがまず電報を打ったのはメンデルスゾーンでした。そしてさっそく融資の継続を頼んでいるのです。それが片付いた後で、ようやくロシア皇帝に電報を打ったのです。それぐらい切羽詰まっていたわけです。

だから、ルーズベルトがもう少し日本に有利な提案をしたとしても、話はまとまったと思います。しかしルーズベルトの頭は、日本海海戦に勝った日本に対する用心のほうに向きました。

ルーズベルトは日露戦争が終わってからまもなく、大西洋にいたアメリカ艦隊を太平洋に集めて、友好訪問という形で日本に大艦隊を派遣しました。日本はアメリカのお陰で講和が成立したと思っていましたから単純に大歓迎しましたけれど、これはアメリカの海軍力を日本に見せつけるのが目的でした。デモンストレーションをやったわけです。

それほど海軍が勝つということには特別の意味があるのです。これはレパントの海戦の頃から変わっていません。日本では姉川の戦いの頃ですから、我々はそんなことは忘れています。ところが、ヨーロッパでは違うのです。バルセロナで古書の学会があって私も出席したのですが、その時にバルセロナの大聖堂が所蔵している本を見せてもらうために行きました。大聖堂というのは、要するにカテドラルですから、たくさんの小さなお祈り場がついています。そこでかなり派手なお祈りをやっていました。「あれは何をやっているんですか?」とバルセロナの人に聞いたら、「今日はレパントの記念日です」と言いました。五百年前にイスラムの海軍に勝ったお祝いをまだやっているのです。

◉日英同盟を無理やり廃止させたアメリカの思惑

アメリカはスペインに難題を吹っ掛けて戦争をして、スペイン領だったフィリピンとグアム島を取りました。ちょうど日清戦争が終わってすぐの頃です。その後、独立国のハワイを侵略して取ってしまいました。これによってカリフォルニア―ハワイ―グアム―フィリピンという線を作ったわけです。

ところが、第一次世界大戦後、グアム周辺の島がすべて日本のものになりました。ハワイとフィリピンの間にある無数の島々はサイパンも含めて日本統治領、要するに日本領になってしまったのです。

これにアメリカは恐怖感を持ったようです。そこで何をやったかというと、日英同盟を廃止させるのです。日英同盟は日本にとって実に幸せな同盟でした。当時のイギリスはヨーロッパの一流国の中でも頭一つ抜きん出た先進国でした。そして、どこの国とも軍事条約は結ばず、ヨーロッパで擡頭してくる国があればその反対側について潰すという政策をとっていました。それをSplendid Isolation（高貴ある孤立）といって威張っていました。

そんな国がアジアの、つい最近まで丁髷《ちょんまげ》を結っていた国と平等の軍事同盟を結んだのです。これはロシアの進出を抑えるためだったのですが、日本としてはヨーロッパの超一流国と条約を結んだのですから実にいい気分でしたし、実際にその効果はありました。

ところが、この日英同盟がアメリカにとっては目の上のたんこぶに映ってきたのです。初めのうちはロシアが南下してくるのを抑えるために日本は便利だというのでアメリカもイギリスも日本を応援していました。イギリスには直接の利害はないし、日本は約束をよく守ったので同盟をやめる気はなかったのです。ところがアメリカは、イギリスと日本の日英同盟がアメリカと日本が戦争をした時に使われる恐れがあると考えました。

その当時、日英同盟を利用してアメリカと戦争をしようと考えた日本人は一人もいなかったと思います。夢にも思わなかったでしょう。でも、アメリカ人はそう考えたのです。暴力的な人間は相手の暴力を想像するという癖があります。それで、アメリカはなんとか日英同盟を廃止させようとするのです。

国際連盟ができた翌年の一九二一（大正十）年に、ワシントンで海軍軍縮会議が開かれました。第一次大戦でどこの国も膨大な軍事力を持ちました。海軍もどんどんつくって、このまま軍拡競争が続くとどの国も参ってしまうというわけで、特に大きな海軍を持っていた日英米の三か国はこれを削減しよう、あるいは抑えようという話になりました。

この条約は筋が通っていますし、日本も同意しました。ところが、それと同時にアメリカが中心になってオーストラリアやカナダといったイギリスの植民地であった国が「日英同盟はやめてもらいたい」と日英同盟廃止を働きかけてきたのです。

イギリスは同盟はやめたくないとはっきり言いました。当然、日本もやめたくない。しかし、アメリカが強硬でした。あの時点でアメリカが強硬になるとイギリスも考慮せざるを得ませんでした。なぜならば、第一次大戦で連合軍がドイツをなんとか抑え込んだのは、アメリカが出兵し、惜しみなき援助をしてくれたからです。アメリカはイギリスと条約を結んでいたわけではないのに、陸軍まで出してくれたのです。

一方、日本は日英同盟がありましたが陸軍は出しませんでした。これは当然で、日英同盟の及ぶ範囲がインドまでだったからです。インドより東で戦争が起こらなければ、日本は出兵の義務はなかったのです。

それでも出してくれと頼まれましたが、日本は出しませんでした。だから、アメリカと日本ではイギリスが恩に着る度合いが違ったのです。アメリカからは物質的な援助もしてもらったうえに、陸上戦では莫大な数の戦死者を出しています。日本は日英同盟があるけれど陸軍を出さなかった。出さない理由は合法的でしたが、頼んでも出してくれなかった。海軍だけは出して地中海などで守ってくれて助かったけれど、何も条約のないアメリカは日本の十倍ぐらいの軍艦を出してくれた。だから、アメリカに言われるとイギリスとしては聞かざるを得ないのです。だから今でも元外交官の岡崎久彦さんなどは、第一次大戦の時に日本も陸軍を出すべきじゃなかったかというようなことを言っていました。

確かに今から考えれば、日本が陸軍を出せば大変なことになっていたと思います。当時、ドイツは東部戦線でロシアとにらみ合い、西部戦線ではフランス、イギリスとにらみ合っていました。戦場が東と西にあったわけです。ちょうど真ん中が抜けていたので、ギリシャ半島辺りに日本の陸軍を上陸させたらどうかというのがチャーチルなどの意見でした。あの辺りに日本の二個師団か三個師団が上陸したら、ベルリンまでドイツ兵はいなかったのですから、一気に駆け上がっていたかもしれません。

このようなわけで、イギリスはアメリカから日英同盟をやめてくれと言われると、やめざるを得なかったのです。しかし、イギリスは条約を非常によく守る紳士の国とされていましたから、自分のほうから日本に言い出したくないというジレンマがありました。

その時に日本に幣原喜重郎《しではらきじゅうろう》という非常に立派な方がいて、アメリカがそれだけ言うならというのと同時に、大戦争が終わってもう世界は戦争にならないだろうと考え、日英同盟のような二か国間の軍事同盟は必要ないと理解をして、アメリカの提案による四カ国条約に乗ったのです。幣原喜重郎は全権大使としてワシントン会議に行ったわけですから、それを決定する権利はありました。だから、本国と相談することなく日英同盟を廃棄し、四カ国同盟に切り替えることに賛成したのです。

この四カ国条約はイギリス、アメリカ、日本に、どういうわけかフランスが入ってつくったものですが、全く役に立たなかった同盟です。この四カ国条約によって多国間同盟は何の役にも立たないことが見事に証明されました。

しかし、いずれにしても日英同盟はなくなりました。日英同盟がなくなった時、当時のアメリカ大統領ウォレン・ハーディングが喜びの演説をしています。それから、議員のヘンリー・カボット・ロッジという人は、これで太平洋において日本と戦えるという趣旨の発言をしています。アメリカの発想はまさにこれだったのです。

日本はそんなアメリカの意図に気づかず、のほほんとしていました。大戦争が終わって、たくさんの国の平和条約が結ばれ、世界で初めての国際連盟もできたといって甘い平和に酔っていました。

◉日本に大きな禍根を残した九か国条約の締結

これが大正十(一九二一)年です。この年は大正天皇の病気が悪化して、昭和天皇が摂政になりました。本当の昭和の始まりはここからと言ってもいいでしょう。東のほうから暗雲が湧き起こってきた年に、昭和天皇が摂政になられたのです。そして、その翌年には九カ国条約というものが出てきました。これは日米英仏に加えてオランダ・イタリア・ベルギー・ポルトガル・中華民国の九か国が結んだ条約で、シナ大陸に対する諸々を取り決めたものです。音頭を取ったのはもちろんアメリカですから、この条約の趣旨は日本の大陸政策を封じ込めるということでした。

この条約を結んだ結果、日本はその後、大変つらい目に遭いました。これが廃棄されたのは支那事変が始まって二年目の昭和十三(一九三八)年です。そのため東京裁判では、日本は九カ国条約の違反を問われています。確かに破ったことは事実ですが、弁護団が非常に有能な弁護をやったため、事実上、裁判の判決には影響がなかったように思います。

九か国条約はシナの安全保障を掲げて、どこの国も手を出してはいけないというようなことを趣旨とした条約でした。ヨーロッパの先進国はシナにたくさん利権を持っていましたが、日本が手出しをできないようにいろいろな取り決めをしたのです。

普通、条約には五年とか十年という期限があります。ところが、九カ国条約には期限が定められていませんでした。そして期限のない条約は、状況変化による改定や廃棄ができることになっています。条約を決めた時から状況が変わってしまったら守ることができないからです。これは国際法の通例です。

そこで東京裁判の時に日本側弁護団は、九カ国条約の趣旨からして一番関係があるはずのソ連が加わっていなかったこと、それから条約締結時にはシナに共産軍ができていなかったことなどを挙げて、「重大なる状況の変化があったのだからこの条約を守ることはできない」と主張しました。それが東京裁判では通ったように思います。だから、国際条約違反としては実際の判決に影響がなかったように感じます。

それはさておき、とにかくアメリカは九カ国条約で日本を締め上げようとしていたのです。これが東のほうの太平洋から湧いてきた黒雲です。

◉日本に強烈なショックを与えた絶対的排日移民法

さらに重大なのはアメリカへの移民問題です。これが日本人のアメリカに対する意識を変化させました。第一次大戦中は石井・ランシング協定を結び、移民問題は封印されていましたが、戦争が終わり一九二四（大正十三）年になるとアメリカで絶対的排日移民法という法律が成立しました。昭和天皇が大正天皇の摂政になられてから三年目のことです。

これは日本に強烈なショックを与えました。石井・ランシング協定を日本はきっちり守っていました。アメリカに行くのは商社マンや外交官や留学生に限って、移民は出さなかったのです。それにもかかわらずアメリカは、日本人は非帰化不能人種であるという変なレッテルを押しつけてきました。日本移民はアメリカに来てもアメリカに溶け込むことができない人種だというのです。だから絶対的排日移民法という法律をつくり、日本人移民を根絶しようとしたのです。

さらに結婚も許しませんでした。以前は、移民である程度成功すると日本から写真を送ってもらって写真結婚というのがありました。結婚が決まると日本からお嫁さんがアメリカに渡っていったのです。それもストップされました。しかし、代わりに白人と結婚するのもダメだというのです。そうなると、日本人移民は絶対に増えることはありません。歳をとって亡くなれば自然に消えていくという運命になります。移民というのは継続しないと、その集団はいなくなってしまうのです。

日本人移民はカリフォルニアの農地の八割ぐらいを開拓したと言われています。しかし、西海岸のカリフォルニアは日本に近いため軍事上の問題があるという発想もありました。それからヨーロッパから遅れてやってきた移民たち、特にポーランドやアイルランドといったヨーロッパでも植民地みたいな国（ポーランドはロシアの支配下にありましたし、アイルランドはイギリスの支配下にありました）から来た移民たちは、東のほうの良い場所は開拓が終わっていたため、西へ行けば土地があると希望を持って西へ向かいました。ところが、そこにはすでに日本人移民が開拓した立派な農地がありました。それに対して、反発する感情が大きかったのです。

残念ながらアメリカはピープルの国です。ピープルというのは「皆の衆」と訳さなければいけません。その皆の衆の意見が議会に伝えられました。すると議会は民衆の意見を聞かなければなりません。それに加えて上層部にはカリフォルニアに日本人がたくさんいるのはまずいという判断がありました。こうしたところから絶対的排日移民法という法律ができたわけです。

日本人は日露戦争でアメリカにお世話になったという感じを持っていました。また、ペリーの来航以来、国を開いて江戸時代を終わらせてくれたのはアメリカだと思っていたので、反米の人はいませんでした。それがいきなり頬を殴られるようなことをされたのです。大西洋側からはイタリア移民、ギリシャ移民、ポーランド移民、アイルランド移民がいくらでも入っているのに、なぜ太平洋から日本移民が入るのはダメなのかという思いが膨らんできました。

日本人は、この法律は人種差別だと見ました。ヨーロッパの国ならポーランドでもアイルランドでもいいのに、なぜポーランドを従えているロシアに勝ち、アイルランドを支配しているイギリスと対等の同盟を結んでいた日本人が差別されるのかという怒りがありました。差別意識に対して日本人は敏感だったと思います。なめられた、といって怒ったのです。

『昭和天皇回顧録』という本が文藝春秋社から出ています。その中で昭和天皇がこの移民の禁止について触れています。自分が摂政になって二、三年後の話ですから印象深かったのでしょう。そこで昭和天皇は、アメリカとの戦争の遠因は移民法であり、近い原因は昭和十六（一九四一）年に石油を止められたことであると言っておられます。

我々が子供の時も、アメリカと戦争をするのは移民の問題と石油が止められたからだと思っていました。だから、大部分の日本人は納得してあの戦争に突入したのです。『回顧録』を読んで、天皇陛下もそう思っていらっしゃったのかと思って、やはりそうだったのかと納得しました。

渋澤栄一は日米の融和に非常に努力していました。日米経済人会議を開いて、アメリカから経済人を呼んだり、こちらから出かけて行ったりしました。渋澤さんは、アメリカのような人口希薄なところに日本のような人口稠密《ちゅうみつ》なところから行くのは大変結構なことだと思って努力してきたのです。

ところがいきなり排日移民法を突き付けられて、「自分は若い頃、尊王攘夷で兵を挙げかかったこともあったが、あの青年時代の志をそのまま持っているべきではなかったか」と言って、涙を流しながら帝国ホテルで演説をしています。当時八十歳、円満で功成り遂げた渋澤栄一のような立派な方に攘夷の志を持ち続けるべきであったと言わせるほど、日本人は憤慨したのです。アメリカ大使館の前で腹を切る人も出たほどでした。

ということで、東からの黒雲は、まずアメリカ主導の日英同盟廃止、そして太平洋艦隊の建設に驀進《ばくしん》するわけです、そして心理的には日本に対する完全なる差別政策です。排日移民法は、「お前たちは他の有色人種と同じなんだ」と言い渡されたようなものです。ヨーロッパの国では、どんな弱小国でもそんな扱いをしなかったのに、日本に対してだけ移民を禁じたのです。それは有色人種に対する明らかな差別でした。

◉軍縮傾向にあった大正末期から昭和初期の日本

我々が子供の頃、少年小説というのが盛んに出されました。平田晋策の『われ等若し戦はば』という分厚い本とか、南洋一郎の『潜水艦銀龍號』とかいろいろありました。これらの本は太平洋の戦争を仮定したり、それをテーマにした少年小説でした。

当時の日本は南太平洋にたくさんの島を持っていましたが、これは国際条約で要塞にすることはできない。そこで、そこに潜水艦基地を設けて、たくさんの潜水艦を置いて、太平洋、ハワイから攻めてくるアメリカの大輪艦隊（戦艦や航空母艦を中心に置き、その周りを巡洋艦が囲み、大きな輪のような形になって移動する）を少しでも南洋の島から出た潜水艦が沈める。そして、小笠原沖で日本の連合艦隊と海戦をするというのが日本海軍のだいたいの筋書きでした。

要するに、アメリカの筋書きと日本の筋書きは一致していたのです。山本五十六《いそろく》のハワイ攻撃でこの筋書きは廃棄されますが、山本五十六以外は、大体この線でアメリカと戦わなければいけないと思っていました。

つまり、日本の海軍にはアメリカを攻めるという発想は全くなかったのです。初めから決戦は小笠原沖だと想定していたのです。だから、アメリカ軍が小笠原沖に来るまでに潜水艦で何隻沈めることができるかが一番の関心事だったのです。

しかし、その一方で昭和天皇が摂政宮だった頃は実にいい時代でした。景気が低迷することもありましたけれど、日本は急速に近代化が進んでいました。それは、その頃の小説を見ればわかります。私がいつも例に挙げるのは、佐々木邦というユーモア作家の小説です。この人の小説は普通の家がモデルになっていました。学校の先生や問屋やサラリーマンの家で起こる出来事をユーモラスに描いています。そういう小説は明治時代にはありえなかったのです。

佐々木邦は大正時代から昭和の初めまで圧倒的に人気がありました。日本人の子供とアメリカの子供が仲良くやる『トム君サム君』という少年小説もありました。それから『珍太郎日記』というのは、旧制高校の先生の息子の日記という態で、当時の知識階級を子供の目で見たような小説になっています。そこに描かれているのは本当に平和な良い日本でした。

それから、もっとわかりやすいのは唱歌です。『からたちの花が咲いたよ』とか「菜の花畠に入日薄れ」という歌詞で知られる『朧月夜』とか、今でも歌われる良い唱歌の多くは大正の中頃から昭和の初め頃にできています。児童のための良い歌がたくさん出て、子供のための雑誌が出るというような時代だったのです。

アメリカからの圧迫は非常に深刻なものがありましたけれど、それが戦争につながるとは誰も考えていなかったと思います。というのは、日本は平和の状況に応じて陸軍を四個師団減らしているのです。当時の日本には近衛師団を加えて二十一の師団がありました。そのうちの四つをなくすということは五分の一をなくすということです。そういう軍縮を率先してやっています。ワシントン会議などの軍縮会議にも呼応して、建造中の戦艦を沈めたりもしています。軍国どころか軍縮の方向に向かっていたのです。

戦前の日本は軍国主義一本やりで暗黒時代だったというのは全くの嘘です。あれはマッカーサー司令部が占領政策をうまく進めるために言ったことです。戦前は悪かったという記憶がある人の中には、本当はそうでもなかったと思ったとしても、直前の敗戦の記憶が激しかったために、なんとなく悪かったというほうに引っ張られた人もいると思います。しかし、実際はそんなに悪かったわけではないのです。

それから国内の政治に目を向けると、国会で初めて民衆出身の原敬《たかし》が当選し、首相になったりしました。昭和天皇が摂政になった大正末には普通選挙法が通りました。この普通選挙法は、成年男子ならば収入に関係なく一票を持つというものでした。イギリスでは年収何ポンド以上とか条件があったものを減らしていって、最終的に成年男子はみな参政権を持つというところまでいきましたが、日本も大正十四（一九二五）年の加藤高明内閣の時に普通選挙法が制定されました。

ただ婦人参政権はまだありませんでした。その理由は、婦人には徴兵の義務がなかったからです。これはスイスと同じです。スイスは徴兵制度がありますが、女性には兵役の義務がありませんでした。だから、女性が投票権を持つことになったのは戦後になってからです。これは義務と権利という発想です。

アメリカやイギリスでも、婦人参政権が認められたのは第一次大戦後です。第一次大戦で男たちがみな戦場に行っている間に工場を守ったのは女性であるといった理由から婦人参政権が通るのです。

第一次大戦は大正時代にあった戦いですけれど、昭和と密着しているところがあります。あの大きな戦争を一つパスできたことは、日本にとって幸せなことではあるにせよ、次の場面を考えた時に乗り遅れてしまったということも言えます。

第一次大戦の時、非常に面白い報告を書いたのは秋山真之《さねゆき》です。彼は日本海海戦で東郷平八郎さんの艦隊参謀をやりました。この人がヨーロッパまで第一次大戦を視察に行きました。そして、素人目ではドイツが勝つか連合国が勝つかわからなかった頃に、ドイツの負けを断言しました。

その理由は、戦争中でも連合軍のほうは貿易も自由にやっているけれどドイツはやっていない、と実に明快な理由を挙げています。それからもう一つの理由は、イギリスやフランスでは男たちは戦争に駆り出されて工場は空っぽだけれど、その工場で大砲でも鉄砲でも女性がつくっている。しかも、その出来は男の職工たちがつくったものよりもむしろいいと言うのです。これはどういうことかというと、戦争のためにオートメーションが猛烈に進んだのです。

それを見て秋山真之は驚きます。そして、日本に帰ってきて「日本はついに戦争ができない国になった」という有名な論文を書くのです。日本では女性に鉄砲や軍艦をつくらせる体制にまで進んでいない。第一次大戦を見ると、日本は戦争のできない国になってしまったと悲観し、落ち込むのです。

秋山真之は、梅毒で頭がおかしくなって死んでしまうわけですが、その時の失望感が大きかったと思います。だから、戦争を体験しないということはいいことなのですが、次の段階へ至る時に乗り遅れてしまうことにもなるのだと思います。

◉ただの一人も死刑にならなかった戦前の治安維持法

日英同盟が廃止された翌年に九カ国条約が結ばれますが、この同じ年に日本共産党ができました。大した勢力ではなかったのですが、日本国内に他国の政府の命令を聞く団体ができたわけです。日本共産党の正式な名前はコミンテルン日本支部日本共産党といいました。だから命令はすべてコミンテルンから来たわけです。

ところが日本では共産党があまり動く余地がなかったのです。貧富の差を問題にした社会主義的な運動は起こりました。これは当然あってしかるべきです。しかし、それで共産党が大きな勢力になるわけではありませんでした。

というのは、共産党にコミンテルンがテーゼ、つまり命令を送ってくるわけです。そのテーゼの中に皇室廃止というものがありました。それまで共産主義は貧しい人もよくするという主張をしていて、そこに憧れていた社会主義者たちがたくさんいました。ところが、皇室廃止というとんでもない命令が来たものですから、貧富の差を解消したいということで活動していたまともな人たちはみんな離れてしまいました。

ソ連も日本の共産党を見限って、ベルリンに本部を置いてヴュルテンベルク工作というものに力を入れるようになりました。戦前の日本のインテリの一番の留学先はベルリンでした。ドイツの水準が高かった時代でしたから、学問をするのならベルリンに留学するという風潮があったのです。そこで左翼的な思想を沁み込ませて、共産党に入ることは一切求めないけれども、共産主義的な発想を持って帰る人を育てようとしました。そのように教育した俳優や学者などをどんどん日本に帰していたのです。だから当時の日本のインテリの中には、共産党員ではないけれど、そのシンパ（共鳴者）が物凄く増えていきました。

とはいえ、スターリンのコミンテルンからの命令の中に皇室廃止がある以上、これは政府としても放っておけなくなりました。それで大正十四（一九二五）年に治安維持法という法律をつくりました。面白いことに、民主的に大きく進んだ普通選挙法ができたのと同じ議会に治安維持法が提出されたのです。

最初の治安維持法には死刑の定めはありませんでした。しかし、そのうちにソ連が凄まじい粛清を行っていることがわかってきました。皇帝以下一族を皆殺しにして、皇帝の馬まで殺したというわけです。それにとどまらず、次から次へと粛清を重ねているという情報が伝わってきたため、こんな思想が日本に入ってきては困るというので、改定治安維持法では最高刑を死刑とすることになりました。

戦後になると治安維持法は物凄く悪い法律のように言われましたし、実際にそう教えられています。しかし、治安維持法で死刑になった人は日本ではただの一人もいません。日本は非常に穏やかで、皇室廃止さえ言わなければ社会主義的なことは言っても構わない。それは民衆のために言っているわけですから問題はない。ただ、皇室廃止は困るというだけなのです。

大体の日本の共産主義者は治安維持法違反で捕まっても、説教されて「悪うございました」と言えば許されるのです。こんな甘い国はありません。ソ連だったら、ちょっと疑われただけで必ず死刑です。うんと緩やかでもシベリア送りです。ナチスも同じですけれど、毛沢東などになると疑う前から殺してしまいました。

だから、日本の治安維持法は本当に緩やかなものでした。死刑にはしたくないというような意思が底流に流れていました。皇室廃止のような運動をされたら困るということで死刑も定めていましたが、全然発動されなかったのです。

◉共産主義という西からやって来た黒雲

昭和天皇が摂政になって二年目ぐらいに関東大震災が起こりました。これは人的被害も物的な損害も大きくて大変でしたが、逆に言えば、地震を機に東京が急に大きくなりました。関東大震災の前までは、渋谷の辺りは渋谷村と言っていました。あの辺りに人が住むようになったのは、関東大震災以後なのです。

我々が小学校で習った唱歌『春の小川』の歌詞に「春の小川はさらさら流る 岸のすみれやれんげの花に」とあります。これは渋谷の川を歌っているのです。今は暗渠《あんきょ》になってどこを流れているかわかりませんが、あの辺りに住んでいた国学者の高野辰之が目の前を流れる川を見て、「春の小川はさらさら流る」と書いたのです。

そういうわけで、震災直後、東京は急激に発展するような状況でした。ただ、そのうちにロシアで起こっていると思われた共産主義の黒雲が、どんどん大きくなってきました。

それは、まずシナに入りました。シナで共産主義を焚きつける時に、ナショナリズムが利用されました。シナは清朝の時代のアヘン戦争以来、列強に屈辱をなめさせられてきました。そこでナショナリズムを喚起して人々を煽《あお》って列強への反感を高め、各地で蜂起《ほうき》させました。その結果、イタリア、イギリス、フランス、アメリカなどの領事館が攻撃されました。これが昭和二（一九二七）年三月に起こった南京事件です

（いわゆる大虐殺があったとされる南京事件とは別の事件）。

その時、イギリスの船もアメリカの船も、暴れているシナ軍に対して揚子江から艦砲射撃をしています。ところが日本は、幣原内閣が絶対平和主義で大砲は撃ってはいけないというので撃ちませんでした。そのために日本の領事館は徹底的に略奪され、公使夫人は丸裸にされたという話です。そこには多少の海軍の軍人がいましたが、抵抗するなという命令を受けていたため何もできず、一方的に暴行を受け、衣服まで剝ぎ取られてしまいました。揚子江に停泊していた日本の軍艦に収容された時に、この海軍軍人は恥じて自殺したと言われています。

これがシナ人の特徴なのです。大砲を撃ってくる国とは一戦交えることはしない。しかし、撃ってこない国は襲っても大丈夫と考えるのです。だから、それまではアメリカやイギリスの領事館や居留民を襲っていたのに、その後は日本だけが標的になり始めました。あの国はこちらが抑制したことを抑制とは見ず、弱さとして見るのです。

これは今でも変わりません。安倍さんがサミットに行った時に、中国の代表がオブザーバーとして来ていました。せっかく両首脳が来ているのだから会談しようという話になりました。するとすぐに中国のほうから条件を突き付けてきました。台湾の李登輝さんを日本に来させるな、それなら会ってやると言うのです。安倍さんは、サミットのメンバーでないのは中国のほうだから、そんな条件をつけられるなら会わなくていいと言いました。すると今度は、李登輝さんは日本に行ってもいいけれど、政治的な演説はさせないでくれ、それなら会うと言い出しました。そんな理屈をつけるなら会わなくていいと再度断ると、結局、李登輝さんは何をしても構わないと、李登輝さんのことは抜きに会談をしているのです。

だから、中国に対しては譲歩をしたら絶対にだめなのです。譲歩しても感謝などしてくれません。

この南京事件の時もそうです。日本だけが大砲を撃たなかった。その結果、その後は日本だけが襲われることになったのです。これは厳然たる事実です。それどころか今度は共産軍がどんどん入ってきました。初めのうち共産党は蔣介石と喧嘩をして国民党と別れたり離れたりしていますが、そのうちに軍官学校という日本の陸軍士官学校のような学校ができるのです。この学校の校長は蔣介石、国民党のトップです。学校でいえば理事長みたいな立場です。

しかし、この学校はモスクワの金によって建てたものなのです。もうその頃からモスクワの金が中国に入っているのです。その頃は蔣介石が偉かったから抑える力があったのですが、後になると抑えきれなくなりました。それは歴史が示す通りです。

◉張作霖爆死事件の真犯人

ソ連という国はそれまでなかった国の体裁を成しています。世界から国をなくそうという主義の国ができたのです。それは建前だということは明らかですが、そういう理想主義を掲げたわけです。そして、その理想を実現するためには嘘を言っても人を殺しても戦争してもいいというのです。だから、宣伝が凄かったのです。

昭和二（一九二七）年四月に陸軍大将を務めた田中義一が内閣総理大臣になりました。長州閥で山縣有朋《やまがたありとも》の一番の子分みたいな人です。この人が総理大臣だった昭和三（一九二八）年六月に張作霖《ちょうさくりん》爆死事件が起こりました。この事件は世界中に広まったのですが、その時に「日本の青年将校が殺した」「日本の関東軍の陰謀だ」と言われました。

これは困ったことだというので昭和天皇が田中義一首相を呼んで、関係者を処罰するように言いました。しかし、田中義一の答えは要領を得ませんでした。報告する度に少し変わったりするので、昭和天皇は「最初に言ったことと違うじゃないか」と不信感を持ちました。当時、昭和天皇は三十幾つでお若い。田中義一は大変忠義な人でしたから「私は天皇の信頼を失った」と悲嘆して、昭和四（一九二九）年七月に内閣総辞職した後、三か月ぐらいで亡くなってしまうのです。

しかし、この張作霖爆死事件というのは実際にわけのわからない事件だったのです。だから、田中首相も報告に困ったと思います。

この事件の後、昭和六（一九三一）年に満洲事変が起こりました。その翌年に満洲国が建国されると、国際連盟はイギリス、アメリカ、フランス、ドイツ、イタリアの五か国の代表からなるリットン調査団を満洲に派遣し、三か月にわたって調査をしています。その時にリットン調査団は張作霖爆死事件も調べていますが、「神秘的な事件である」といって真相はわからないとしています。

リットン調査団は反日的でした。それでも調べたけれどわからないと言っているのです。また東京裁判の時も、インドのパル判事は「これは神秘的な事件である」と言っています。

ところが日本では、張作霖爆死事件は関東軍の河本大作大佐らが計画して行ったということになっています。河本がやったと東京裁判で証言したのは田中隆吉という元陸軍の軍人でした。みんなが田中隆吉から聞いたというのです。パル判事なども、調べてみると日本人の偉い人がみな田中隆吉のところに報告に行って、それを田中隆吉が東京裁判で話している形になってしまうと言っています。これは滑稽と言わざるを得ません。

ただ、戦後になって河本大作の手記が文藝春秋に出たのです。多くの人がそれを読んで、張作霖爆死事件は関東軍の陰謀であると思い込みました。ところが、その手記を書いたのは河本大作ではなくて、河本大作の甥か何かで、共産党員なのです。だから、コミンテルンの指示で書いている可能性が高いと考えられます。この手記以外に河本大作は公には何も語っていません。東京裁判の時は生きていましたけれど、どういうわけか裁判には出廷しませんでした。裁判に出てくれば、「自分は知らない」と言ったと思います。

最近になって出てきたソ連の秘密工作の資料を見ると、この事件がコミンテルンの仕業であることは明らかです。張作霖爆死事件は自分がやったという人が出てきたのです。その人物の名前もわかっていますし、嘘ではないという証拠として写真まで持っています。その人物は「俺は張作霖の乗っていた車両に入って、そこで爆弾を爆発させた。嘘だと思ったらこの車両を見ろ、天井、飛んでいるだろう」と言っています。確かに張作霖が殺された車両の天井は飛んでいます。関東軍がやったという従来の説では、日本軍は鉄道の線路に爆弾を仕掛けたということになっています。しかし、線路に仕掛けた爆弾で貨車の天井が吹き飛ぶというのはおかしい。むしろソ連の工作員が言うように、爆弾を持って張作霖の乗っている車両で爆発させたというほうが無理はないでしょう。

張作霖はもともと馬賊で、日本に助けてもらっていました。彼があれだけの権力、地位にあったのは、彼が危機に瀕した時に日本軍が助けたからです。だから日本には義理を感じていて、むしろ日本との関係はそんなに悪くなるはずはなかったのです。逆にソ連との関係は悪かったと言っていいでしょう。事件以後の日本の情報では、その面が抜けていたのですが、張作霖は馬賊出身の独裁者ですから共産主義が入ってきたら困るわけです。だから、共産党が満洲に入って来た時には本部を家宅捜索しました し、鉄道問題でも大いにもめていました。

こう考えると張作霖爆死事件はコミンテルンの工作員の犯行と考えるほうが自然なのです。

◉戦前の日本の歴史を真っ黒にしているものの正体

田中義一が総理大臣の頃から、コミンテルンが必死になって日本に仕掛けようとしていたことは田中上奏文というインチキ文書でも明らかです。これは田中義一が昭和天皇に上奏したとされる文書で、昭和二、三年頃に世界中に出回りました。その内容は、田中義一が会議を開いて日本の今後の世界政策を決めたというもので、まず満洲を征服し、次にシナを征服し、最終的に世界を征服するというのです。これが世界中に広まったわけですが、日本でその上奏文を見た人は一人もいないのです。

実際に出回った文書には、シナ語・英語・ドイツ語・ロシア語に訳されたものがあります。それを研究してみると、田中上奏文に書かれた内容を決めた会議には、山縣有朋が出席したことになっています。しかし、そんな馬鹿な話はありません。山縣有朋は大正十一（一九二二）年に死んでいるのです。田中義一は山縣有朋の一の子分ですから、親分が死んだことを忘れるわけはありません。

だから日本政府は「こんなものはインチキだ」と笑い飛ばして、本気で対策を講じなかったようです。しかし、これは政府を挙げて反駁《はんばく》しておくべきでした。日本が反論しなかったために、田中上奏文は本物であるとされて世界に広まるのです。ルーズベルトもその影響を受けて、「日本はいずれの日にか潰さなければいけない」と覚悟を決めていたと言われます。

インチキ報道は怖いのです。取るに足らないようなものでも、日本に不利になるものは徹底的に潰しておかなければいけません。例えば今、中国の資金でアメリカやカナダで十本以上のインチキな内容の南京事件の映画がつくられています。しかし、日本政府は抗議するでもなく、のほほんとしています。どれだけ調べても南京で通常の市民が殺されたというのは限りなくゼロに近い。これはあらゆる資料からわかっています。それなのに、日本政府には反駁する気がないのです。

従軍慰安婦問題でも本気で反駁しません。従軍慰安婦は、日本の憲兵などが韓国の民家に入っていって若い女の子をさらってトラックで運んでいって売春させたというのですが、そんなことは絶対にありません。だから、はっきり反駁しなければいけません。

日本軍が強制連行したという事実はないのです。ただ日本が占領地区にいて、日本の兵隊が土地の女性に手を出すのは悪いことだから、日本あるいは韓国で営業している売春業者に営業をさせたのだと言えばいいのです。確かに売春業も人道に反するかもしれません。しかし、それはドイツでもオランダでもあったことです。戦前では当然だったのです。

アメリカも日本に進駐してきた時に同様のことをしています。だから「しかるにアメリカよ、あなた方が日本に来た時、いきなり自分たちの兵隊のために吉原みたいなものをつくれと言ったじゃないですか、命令書もありますよ」と安倍さんがやるべきだったと思います。首相が外人記者クラブで三十分ぐらいしゃべれば報道せざるを得ません。でも、やる気がないのです。

日本の政府は驚くほどの性善説です。黙っていても、真実は必ず明らかになると思っているのです。日本人同士だと、嘘をつけばそのうちにわかります。狭い社会ですし、どこの家で誰が何をやっているかも大体はわかります。だから日本人は、嘘はそのうちバレると思って生きているわけです。我々が正直であまり嘘をつかず、人を誤魔化さないのも、いつかはバレると思っているからです。

ところが、外国ではうまくやればバレないというのが前提です。嘘が通用すれば得するからです。この田中上奏文などはまさにその典型で、どれくらい日本を害したかわかりません。東京裁判の時、最初に検事が組み立てた告発のシナリオは共同謀議というものでしたが、それは田中上奏文に基づいていました。その影響力は非常に大きかったのです。

昭和二、三年頃に、すでにそれだけのことをコミンテルンが日本に対して仕掛けてきているわけです。そして、その数年後にコミンテルンはテーゼの中で日本の近代化に対する見方を指示しています。日本の歴史はこのように解釈せよという命令を出しているのです。これが戦前の日本の歴史を真っ黒にしているものの正体です。その命令が今も生きていて、歴史の教科書に入り込んでいます。

◉満洲事変を引き起こした原因

昭和七（一九三二）年に上海の共同租界で日本と中華民国軍が衝突します。これを第一次上海事件といいますが、この時、シナ軍を指揮していたのはボロチンというソ連から派遣されていた先導者でした。この人が先導してシナ人を焚きつけ、日本を攻撃させようとしたのです。

このように昭和の初めはまだ共産主義が出たばかりのようでしたが、これが大陸問題の一番の中心になるわけです。のちに何度もシナで事変が起こりますが、その背後ではコミンテルンが動いていたのです。コミンテルンが民族の独立運動という形でシナ人を動かしたということです。満洲なども、満洲族が独立して国をつくったところまではよかったのですが、そこにもなんだかんだとコミンテルンが入ってきました。

革命を起こした当初、ソ連はあまりにもたくさんの人を殺したために国力がなくなったのです。軍隊も粛清といって大将を何人も死刑にしたため、非常に弱体化しました。だから日本も安心していたのですけれど、ソ連は五カ年計画を立てて、一切反対を許さず、猛烈にその計画を進めました。第一次五カ年計画では、小泉信三先生などの話によると、七百〜八百万の農民が死に追いやられたそうです。膨大な犠牲を出しながら、とにかく五カ年計画で工業化に成功するわけです。

さらに二回目の五カ年計画が達成されたあたりになると、蒙満（蒙古と満洲）国境に大軍を配備し始めました。日露戦争以来、日本には満洲鉄道沿いに権利が認められていました。それを守るために、国境沿いに関東軍を配備していました。関東軍は旅順、大連から長春までの鉄道沿いを合わせて一万人ぐらいで守っていました。

ところがソ連のほうは、二度目の五カ年計画を達成した時点において、二十万の大軍を蒙満国境に動員するという計画を立てるのです。これは満洲にいる日本人にとっては大きな不安の原因になります。これが満洲国独立につながる満洲事変に向かう原因となるわけです。

◉日本のインテリ層に共産主義が浸透した理由

国境沿いでは一万対二十万が睨み合うような形になり、いつの間にかウラジオストクにも軍艦や潜水艦が配備されました。今度は西のほうからきな臭くなるのです。このきな臭さがアメリカよりもわかりにくかったのは、日本の思想界にどんどん入っていったからです。先に申しましたように、共産党のルートは完全に押さえていたと思われますが、漠然とインテリの間に共産主義の宣伝が浸透していくのを防ぐことはできなかったのです。

戦前の有名な学者は、いつの間にか、共産主義的なことを言わないとインテリではないというような感じになります。これがヴュルテンベルク工作の影響なのです。コミンテルンは共産党ですが、ヴュルテンベルク工作はインテリを囲い込み、同志にするような運動です。党に入れとか寄付をしろというような余計なことは言わず、シンパになればそれでいいというものでした。これが非常に効き目があったのです。

非常にわかりやすい例を二、三挙げますと、この共産党シンパの人たちは戦後、大きく羽ばたきました。公職追放令でまともな日本人があらかた追放されて発言もできなくなったため、その穴を埋めるために復活したのが戦前の左翼なのです。共産党員だった人はさすがに復活しにくかったのですが、その周辺にいてなんとなく共産主義的だった人が、戦後になって羽ばたいたのです。しかも、妙なことに、キリスト教徒と結びつきました。プロテスタントの人と接点ができるのです。これは不思議でした。

戦後に復活した偉い学者たちを並べてみればどういう人たちが取り入れられたかがわかると思います。例えば、東大の有名な総長であった南原繁先生。この方は共産党でも何でもありませんが、サンフランシスコ講和条約の調印に反対という立場でした。これは日本の独立に反対したということです。

朝鮮戦争の直後にアメリカは日本に対する考え方をすっかり変えて、国務長官を務めたジョン・フォスター・ダレスなどは国務省の秘密会議で「日本は一大文明国であって、工業力も世界の向上足り得る。こういう国は早く独立させて西側に取り込んでおかなければいけない」というようなことを言っています。

しかし、それはソ連に筒抜けになりました。そしてスターリンは、サンフランシスコ条約は日本を独立させて西側の重要なパートナーにするためのものであると解釈しました。だからソ連は日本にいるシンパに「全面講和論を唱えろ」と指令を出したのです。ソ連も参加するような講和条約でなければ反対しろというわけです。そう言いながらソ連はアメリカと東西冷戦で睨み合っていますから、平和条約に参加するつもりは全くなかったのです。

サンフランシスコで開かれた講和会議に参加した国のうちソ連に従ったのは東ヨーロッパの二、三の国だけで、他の世界中の国は講和条約に賛成しました。ところが、南原東大総長は講和条約に反対を唱えました。南原さんは法律学者で共産党員ではありません。しかし、戦前からそちらのほうに非常に近く、その影響を受けていたことは簡単に推測がつきます。それに従って、日本のたくさんの学者たちも反対しました。

政党では共産党はもちろん反対です。それから社会党も反対でした。社会党がなぜ反対に回ったかについては、岸信介が回想録の中にはっきり書いています。それによると、戦前の労農派といわれる社会党の人たちは共産主義に劣等感を持っていて、自分たちは共産主義社会の一つ手前にいるというような認識だったから絶えず共産党に引っ張られていたというのです。

それから、矢内原《やないはら》忠雄という非常に長い間、東大の総長をなさった方がおられます。この方はプロテスタントですが、日本の満洲事変や満洲政策などに対する意見から察するところ、完全にコミンテルンの見方をしています。おそらくコミンテルンの資料がベルリンを通じてどんどん日本に入ってきていたのでしょう。ドイツの文献を読むのは戦前の学者の任務みたいなものです。それができるのは東大や京大といった一流大学の教授に決まっています。矢内原先生もそれを読んで、「日本はけしからん」となったのでしょう。

矢内原先生は東大の助教授の頃、「神よ、日本を滅ぼしたまえ」という論文を書いています。戦前の帝国大学は天皇が建てた大学という建前でした。だから、最初の頃は東大を優秀な成績で出ると、明治天皇が直接、銀時計を下さったわけです。その大学で教える人が、「日本を滅ぼしたまえ」というのはまずいということで問題になり、大学を辞めておられます。辞めたけれど、牢屋に入れられるようなことはありませんでした。先にも言いましたが、戦前の日本は共産主義にえらくルーズだったのです。

それから大内兵衛《ひょうえ》先生という東大の経済学部教授がおられました。この方はもっと共産党に近くて、人民戦線運動に関係して教授を辞めています。しかし、戦後は大蔵大臣になってくれと頼まれたぐらいで、しかも政府関係の重要な委員会の委員長になり、のちは法政大学の総長にもなっておられます。

矢内原さんとか大内さんは全集が岩波書店からも出ています。

それから京都大学には瀧川幸辰《たきがわゆきとき》先生という人がいました。この瀧川先生は近親者の言によると共産党員だったそうです。戦前は党員だとはつきとめられていませんでしたが、無政府主義を唱えました。刑法の教授が無政府主義なのです。無政府主義というのは、どんな悪いことをしても、それはすべて国が悪いからだということになってしまうわけです。中西輝政という京都大学の法学部の先生と話したら、「私もゼミで瀧川さんのテキストを使ってみたんですよ。そうしたら今の学生でも、これはひどいと言っていました」と言っておられました。

　ましてや戦前ですから、帝国大学法学部の先生が「犯罪が起こるのはすべて国家が悪いからだ」というような立場から法律を論じるのはまずいというので問題になりました。当時の文部省はなんとか考え直してくれと瀧川先生に頼みましたが、瀧川先生は断って、大学を辞めることになりました。そうしたら、同情した人たちがたくさん辞めました。これを京大事件といいます。この瀧川先生も戦後になると復帰して、京都大学の法学部部長になり、のちには総長になりました。

　それから一橋大学に都留重人《つるしげと》さんという方がおられました。この方はアメリカにいた頃、共産党の秘密党員でした。これをばらされて一橋大学の総長は辞めましたけれど、ずっと朝日新聞の論説委員になっていました。

　このようにパラパラと名前を挙げただけでも、戦後の日本の主要大学の一番上のほうにいた人たちは戦前の共産主義のシンパ、あるいは党員だったことがわかります。すでに戦前にそれだけ浸透していたということです。その先生たちの教え子たちが戦後たくさんできた新制の大学に散らばっていきました。その結果、共産主義が急性の癌のように日本中に広がったのです。それによって日本は非常におかしくなりましたが、戦前のインテリと言われている人たちがすでに共産主義に毒されていたのです。

ここが重要なところです。

そして、戦前にはこの思想がインテリ階級だけではなくて軍にまで入りました。これが一番大きな悲劇のもとになります。坂の上にのぼった後の日本はしばらくよかったけれど、第一次大戦以降は黒い雲が東からも西からも襲ってくる。これにどう対応するかというのが、昭和初期の問題になりました。

◉アメリカと中国が手を握る可能性

東からの黒雲、アメリカと戦って敗れまして、今は大変に良い関係になってますが、西側の黒雲は依然として尾を引いています。

今、危ないのは東の雲と西の雲がまた手をつなぎかけているということでしょう。一時はアメリカという東の黒雲がなくなって、日本は負けたけれども晴れたような感じでした。西のほうはソ連があり中国がありました。ソ連は崩壊しましたが、中国が開放経済になってまた雲行きが怪しくなってきました。

というのは、アメリカ共和党の支持者には実業家が多くて、中国に投資して儲けています。だから中国を非常に大切にしています。一方の民主党は労働組合だとか人権問題にうるさい人がいるので、本来、中国とは相容れないはずなのです。しかし、中国共産党は自由に金を使えますから、クリントン政権の頃から猛烈に民主党に寄付をしています。アメリカの一人当たりの政治献金の上限は千五百ドルぐらいですが、中国政府の出先機関には中国から無限に金が送られてきます。その金を中国系アメリカ人の名前を借りて、それぞれ千五百ドルぐらいずつ寄付させるわけです。その結果、クリントンも中国好きになって、クリントン政権の時にはジャパンバッシングならぬジャパンパッシングになりました。つまり日本への関心が著しく低下するようになったわけです。

あれは全部、中国の金による政治工作です。アメリカでスキャンダルになりましたが、クリントンはうまく握りつぶしました。最近ではヒラリーさんに対して物凄く献金が集まっていました。それも最近ばらされて、大口のほうは退いたようですが、名義借りであれば合法ですから、断トツにヒラリーさんに金が集まったわけです。

また、従軍慰安婦問題を議会に持ち出した日系のマイク・ホンダという議員がいます。この人の資金源を古森さんという産経の記者が調べたところ、その選挙区で圧倒的に政治献金をやっているのは中国系アメリカ人、要するに中国人だということがわかりました。しかし、その金が彼らの懐から出ているとは思えません。おそらくそれは中国から指示されたのだと思わざるを得ません。

そういうことで、また黒雲同士が手を握り始めるのではないかと危惧《きぐ》されます。大正末、昭和天皇が摂政になられた頃に東に起こった雲、西から起こった黒雲が一時は晴れたかと思いましたが、また危なくなってきているのではないかと心配されるところがあります。

第二章

ホーリー・スムート法と全体主義の擡頭

◉世界を大不況に陥れた法律

私が生まれたのは昭和五（一九三〇）年です。母親は「お前が生まれた頃のことを思い出すと、夜中に目が覚めても冷や汗が出る」と言っていました。それぐらい物凄い不況だったのです。なぜ不況が起こったかというと、これは完全にアメリカの責任だったと思います。

アメリカは第一次大戦の前まではヨーロッパなどからの輸入大国でした。そのためアメリカの業者の中には保護貿易を望む声が根強くありました。そのために関税を高くして、なるべく輸入させたくないという強い動きがあったのです。

第一次大戦の頃はヨーロッパに物品を売りまくって大儲けをしましたからよかったのですが、第一次大戦が一九一八年に終わって十年ぐらい経《た》つと、さすがに疲弊したヨーロッパも復活してきました。大戦によって壊れた古い工場を新しくしたことにより、かえって能率がよくなった面もありました。

そうするとまた輸入が増えてきて、アメリカで保護主義の動きが出てくるのです。その動きはまず大戦が終わって四、五年後のハーディング大統領の時に現れました。

高額な商品を輸入する時に高い税金を課するという法律が成立しました。その結果、アメリカの関税を通関する時にかかる輸入税が六〇％増えたというぐらいです。

その傾向がますます強くなって、一九二九（昭和四）年にホーリーさんというオレゴン州選出の共和党の下院議員が農作物の輸入関税を主張しました。この人は奥さんも農家の出身です。アメリカが農作物に税金を課したがるのはおかしく思うかもしれませんが、当時はヨーロッパからどんどん農作物が入ってきていたようです。

この時、上院にスムートさんという議員がいました。この人はモルモン教徒でユタ州出身の議員で、やはり共和党です。実業家として非常に成功して、農業、牧畜、石炭、山林、織物などを事業として行い、最後は地方の銀行の頭取になって、モルモン教の中でナンバー2になっていました。スムートさんは自分の持っているいろいろな産業が復興したヨーロッパからの輸入品や日本辺りから輸入される繊維などによって打撃を受けるのを懸念して、輸入を止めたかったのです。

下院ではホーリーさんが「輸入品に課する関税の品目を増やし、かつ高くする」という法案を出し、上院ではスムートさんが同じような法案を出しました。どちらも似たような法律だったので、シスタービルズ（兄弟法案）と言われましたが、これをまとめてホーリー・スムート法として一九二九（昭和四）年に議会に上程したのです。

その法律を見て少し経済がわかる人はすぐに貿易はダメになるとわかりました。だから目先の利いた人たちは持っていた株を売りました。これが一九二九年十月二十四日に起こったウォール街の歴史的な株価の大暴落に繋がりました。

当時、デュポン財閥の化学会社で最も儲けていた会社の一つだったデュポンは一株二百ドル以上だったのが、一日で八十ドルにまで下がりました。一番優良な株でもそんなありさまですから、怪しげな会社の株は目も当てられないほど下がりました。

あまりに暴落が激しかったものですから少し買い戻したのですが、五日後の十月二十九日には底が抜けるような感じで暴落し、バタバタと会社が潰れていきました。全アメリカの労働者の四分の一が失業者になるという凄まじいありさまになりました。

統計で見ると非常にはっきりしますが、法律が上程されたのが一九二九年、それが通ったのが翌年ですが、その一年間にアメリカの貿易は五〇%以上減っています。普通、統計で不景気になったとか、ある産業が今年は伸びないといって騒いでいる時でも大体二~三%ぐらいの減少です。それが一年で五〇%以上下がっているわけですから空前の大不況だったわけです。

この法案が成立すると、千品目と言われる品目に万里の長城のような関税が課せられました。日本からの輸出品にも、高いものでは八〇〇%もの関税が課せられました。

五〇％や一〇〇％の関税は当たり前でした。

だから、日本もひどい目に遭いました。それこそ、うちの母親が何十年後でも夜中にパッと目が覚めて、その頃のことを夢に見て冷や汗が出てくるというぐらい凄い不況になったのです。アメリカはもっとひどかった。ヨーロッパも同じです。

ドイツは物凄い賠償金を第一次大戦後にかけられて、天文学的なインフレになりました。失業者もたくさん出て、中産階級が全滅するくらいの打撃を受けています。ドイツは工業力が抜群だったものですから、戦後は工業製品をどんどんつくって売って急速に復興しつつあったのですが、それが完全に止まってしまいました。

ヨーロッパではドイツが最も打撃を受けました。ようやく復興の軌道に乗っていたところだったのに、また失業者が天文学的になってしまったわけです。そんな社会状況を背景に、ホーリー・スムート法ができてから三年後にアドルフ・ヒトラーが出てくるのです。

◉日本を憎んだフランクリン・ルーズベルト

その時のアメリカのハーバート・フーバー大統領は自由主義者でした。だから、戦前の自由主義的な考え方で、不況もあるし、それで潰れるのは自分が悪い、愚かな投資をした者が損失をこうむるのはしかたないという態度でした。しかし、景気は桁外れに悪くなりますから、全く別の発想をする大統領が求められて、民主党のフランクリン・ルーズベルトが当選することになります。ルーズベルトが当選した背景にあったのは、ホーリー・スムート法が引き起こした不況だったのです。

新しく大統領になったルーズベルトは、日本にとっては黒雲そのもののような人でした。若い時から日本を骨の髄から憎んでいるとしか思えないような発言をしています。なぜ日本を憎んでいたかというと、彼は大金持ちなのですが、彼の一族、そして奥さんの一族を辿ると中国でアヘンなどによって儲けていた家に繋がります。だから彼は中国に関心があったのでしょう。

当時の中国はまだ白人世界を脅かす国ではありませんでした。ところが、日本は日清・日露の戦争で勝ち、白人の世界を脅かすものだと受け取られていました。そういうところから日本を敵視する見方が生まれてきたのです。

人種差別はいつから生じたかと言われますが、昔は大した差別はなかったのです。例えばクレオパトラはエジプト人ですから肌の色は黒いけれど、差別を受けたことはありません。塩野七生《ななみ》さんの『ローマ人の物語』を読むと、ローマの特色は周辺の地域を植民地、つまり属州にしたことなのですが、差別がなかったので属州出身の皇帝がたくさん出ています。

ところが、東京裁判の判決書でパル判事は、イギリスのプロテスタントによって強烈なる人種差別ができたと述べています。イギリスのプロテスタントとは、要するに大英帝国をつくった人たちです。この人たちはイギリス的な宗教を広めるのが使命であり、それがないところは遅れていると発想したのだとパル判事は言うのです。彼はインド人としてイギリスからひどい差別を受けました。だから、そう言ったのだと思います。

もっと客観的に言うと、一番ひどい人種差別をしたのはオランダのプロテスタントです。一六八九年にオランダのオレンジ公ウィリアムという人がイギリスの王様になります。当時のイギリスの王様はジェームズ二世というコチコチのカトリックでしたが、その娘がオランダのウィリアムのところに嫁いでプロテスタントになりました。すると、ウィリアムはイギリスに上陸して、義理の父であるジェームズ二世をフランスに追いやってしまいました。一六八八年の出来事です。そこからイギリスでも人種差別をするようになったと考えると、人種差別がイギリスから始まったというのは、ある意味では正しいのですが、もっと歴史を遡ると、一番ひどかったのはオランダなのです。

オランダはインドネシアを三百年ぐらい植民地にして、教育も受けさせないということをやりました。何百年も未開のままに置いてきたのです。これは凄いことです。南アフリカではアパルトヘイトが世界の人種差別問題として最後まで残りましたが、あそこはオランダ植民地です。アパルトヘイトというのはオランダ語なのです。

つまり、オランダ人から人種差別は始まり、オランダ人がイギリスの王様になったあたりからイギリスが人種差別の本場となっていくわけです。同じヨーロッパでも南ヨーロッパは伝統的にあまり差別がありませんでした。

そしてフランクリン・ルーズベルトはオランダ系なのです。だから、先祖の血を引いて有色人種を嫌いました。特に日本のことを憎みました。軽蔑できる相手であれば憎くはないのです。おそらくルーズベルト家でも、女中や下男は黒人だったと思いますし、彼らのことを憎んだりはしなかったはずです。しかし、白人と同じステータスに上がった有色人種である日本人は、ルーズベルトには我慢できなかったのだと思うのです。

ルーズベルトは子供の頃から海軍好きでした。今は空を制するものは世界を制すると言っていいのですが、昔は海を制するものが世界を制しました。陸上の戦いでは弱いものでも稀に勝つことはありますが、海上では絶対にありえません。海軍好きのルーズベルトにはそれがよくわかっていたと思います。だから日本の海軍に対して、ただならぬ敵意を燃やしました。彼のもとでハワイに大海軍ができるのです。

しかもこの人は、フーバー大統領がどうにもできなかった大不況をなんとかするという建前から、ニューディールという旗印を掲げました。ニューディールというのはトランプ博打の言葉です。切り直して配り直すという意味です。つまり、金持ちにしかお金が行かないので、徹底的な社会主義的政策をやって貧乏人にもお金が行くようにしようとしたわけです。

ルーズベルトは民主党の大統領です。民主党というのは、昔も今も、どちらかといえば貧民か中流より下の人が主な支持者です。そして後は学者です。共和党は、どちらかといえば実業家や金持ちが支持していて、議員にもそういう人たちがなっています。ルーズベルト自身は金持ちの家の出ですが、アメリカでは画期的な社会主義的な大統領でした。その頃はあまりピンとこなかったのですが、政策にあまりにも金持ち攻撃が多かったので、共産主義的であるといった理由で訴えられたりしています。それほど、当時としては画期的な社会主義政策をやりました。それで非常に人気があったのです。

◉ルーズベルト大統領を動かしていた人物

当時のルーズベルトの周辺にいた人たちがどういう人だったか、今は情報開示によってわかっています。普通は三十年とか五十年とか区切って情報開示をしますが、アメリカの場合は、ソ連が解体した時に初めて情報開示がなされました。アメリカに潜入したスパイがモスクワと連絡しているのも解読していたのですが、ソ連に知られないように隠していたのです。それがすべて出てきました。

第二次大戦後の一時期、アメリカ共和党の上院議員ジョセフ・マッカーシーが国務省には何百人かの共産主義者がいると告発して大騒ぎになったことがあります。それによってたくさんの人が追放されました。これをマッカーシー旋風と言いますが、裁判まで持ち込んだ人に対して決定的な証拠を挙げられず、結局、マッカーシー議員は失脚してしまいました。なぜ証拠が出せなかったかというと、暗号を解読してマッカーシー議員に知らせたアメリカ陸軍特別情報部が、いざ裁判になると情報を出さなかったからです。

その解読した暗号がソ連の解体後にすべて開示されました。その結果、マッカーシーの告発が正しいことがわかりました。

そうすると、あの時、ルーズベルトは不況がなければ大統領にならなかったでしょうし、ルーズベルトでない人が大統領になれば、あれほど周囲が共産主義者で囲まれることはなかったでしょう。国務省だけでも正式な職員で三百人、顧問などで五百人は明らかにコミンテルンだったことがわかっています。こうした人たちによってルーズベルトは動かされてしまったわけです。

その結果、日本はアメリカとの開戦に引き込まれていきます。天皇陛下になんとしても平和交渉をまとめるように言われ、忠義な東條英機は必死になって和平の道を模索しました。しかし最終的に諦めたのは、ハル・ノートといわれる昭和十六（一九四一）年十二月二十六日に来たアメリカの回答でした。

そのハル・ノートは、アメリカのコーデル・ハルという国務長官の名がついていますが、ハルさんが書いたわけではありません。日本は来栖大使だとか野村大使がハルさんと交渉して妥協案を出し、ハルさんがこれを呑むという感触を得ていたのです。

ところがわずかな間に、ハリー・ホワイトという財務省の補佐官がルーズベルトに「こんな案はどうでしょう」と新たな案を出したのです。日本と戦争になれば大っぴらにイギリスを助けることができるので戦争に入りたくて仕方がなかったルーズベルトは「この案なら日本は呑めないだろう。これはいいじゃないか」と言い、ハルさんに「これを渡せ」と命じたのがハル・ノートなのです。

自分が書いたものではないので、ハルさんは「ハル・ノート」と言われるのを非常に嫌がっていたそうです。

そして、これを書いたハリー・ホワイトはスターリンのスパイでした。ドイツと対峙《たいじ》していたソ連のスターリンは、ドイツに攻め込まれたら危ないと考え、それを回避するために アメリカと日本を戦争させ、日本と同盟を結んでいるドイツをアメリカに叩かせるという構想を練っていたのです。

もう一つ例を挙げれば、一九四五（昭和二十）年の二月にソ連のヤルタでアメリカのルーズベルト、イギリスのチャーチル、ソ連のスターリンが首脳会談を開きました。この時、いろいろな密約が交わされました。例えば、ソ連が日本に宣戦布告すれば樺太や対馬をやるというような密約です。

この草案をつくったのはアルジャー・ヒスという男ですが、彼はルーズベルトに付き添ってヤルタに行っています。のちにヒスはソ連のスパイだとわかって自殺しました。ハリー・ホワイトもスパイだったことがわかって自殺しています。ルーズベルトはこういう人たちに囲まれていたのです。

あの大不況がなければ、ルーズベルトが出てきて、アメリカの大統領の歴史上、ただ一人だけ四回当選するようなこともなかっただろうと思われます。それほど人気があったのです。それはニューディールをやったからですが、それで景気が回復したかというと、そう簡単ではありませんでした。

◉戦争ほど一時的に景気をよくするものはない

不況が回復したのは一九三八（昭和十三）年になってからです。一九三〇（昭和五）年にホーリー・スムート法が制定されて、八年後に回復したわけです。なぜ回復したかというと、その年にヒトラーがポーランドに攻め込んで第二次大戦を始めたからです。アメリカは全産業を挙げてイギリスを応援しました。これは国際法における中立違反ですが、そんなことは知ったことではないとばかり、アメリカが戦争をしているのと同じぐらいにイギリスを助けるのです。

戦争ほど景気を一時的によくするものはありません。これがよくわかったのは、日本の真珠湾攻撃の時です。真珠湾で日本は完璧な勝利を飾りました。失ったのは飛行機二十九機と言われています。飛行機には魚雷を積んでいましたが、その魚雷一つの値段が当時で二万円と言われていました。

当時の二万円はどのぐらいの価値があったかというと、うちの近所に総二階の家を建てた時計屋さんがいて、その建築費が千円と聞いていました。田舎だから安かったのかもしれませんが、魚雷一発で総二階の家が二十軒建つ計算です。飛行機は一機が安いものでも大体二十万円と言われていましたから、飛行機を一台落とせば二百軒分になります。

だから、日本はハワイ攻撃で全く一方的に勝ったにもかかわらず、ざっと計算すると数万軒分の家が建つほどのお金を投じているわけです。アメリカが受けた損害はその何十倍にもなります。

駆逐艦とか巡洋艦は高くて、帝国大学を一つつくるには巡洋艦一隻をつくるだけのお金がかかると言われていました。戦艦はさらに高額です。いわんや戦艦大和をつくるとなったら、日本中の大学を十回ぐらいつくり直すぐらいの金がかかります。

戦争では、そんな艦船が次々に海に沈むのです。日本みたいに資源のない国だと簡単につくり直せませんから、沈没すれば数が減っていくだけです。しかし、アメリカのように資源がある国は、失った分を新たに補うので物凄く景気がよくなるわけです。だから、負けない戦争ぐらい景気のよくなるものはないのです。アメリカが不況から抜け出たのは、まさにヒトラーのポーランド侵攻と時間的にぴったり合っています。

これが当時のアメリカの状況ですが、日本を考える前に、もう一つ考えなければならないのは、ヨーロッパはどうだったかということです。イギリスは、アメリカでホーリー・スムート法が制定された二年後の一九三二（昭和七）年にオタワ会議を開きます。この会議の正式名称はEmpire Economic Conference（帝国経済会議）と言います。イギリス本国とカナダ、オーストラリア、ニュージーランド、南アフリカ、アイルランドなどのイギリス自治領とインド、南ローデシアなど植民地の代表が集まって開かれた会議です。

ここで決まったのは、イギリス本国と植民地との間の貿易にはほとんど関税を課さないが、イギリスの植民地に対して外国から輸入する品目には高い税金を掛けるということです。例えば、インドに日本とイギリスが綿花を輸出する場合、イギリスには関税を課さないけれど、日本には高い関税を課すというわけです。これをブロック経済と言います。イギリスの連邦諸国を一つの経済圏にしてしまうわけです。

戦後、ブロック経済という言葉はほとんど聞きませんが、これは私が子供の頃には小学生の耳にも入っていた言葉です。ブロック経済になったから日本は満洲に出て行かなければならないのだと言われていました。

アメリカは石油から何から自国の中に全部ワンセットで揃っています。イギリスも世界の四分の一を植民地支配していましたから、すべて揃っています。オランダもインドネシアを植民地にしていましたし、フランスだって中近東の石油地帯やベトナム、ラオス、カンボジアといった東南アジア諸国やアフリカにも植民地を持っていました。そういう国はどこもブロック経済圏を形成したのです。

当時、日本では、オタワ会議で決まったようなことをやったら戦争が起こるという議論がありました。実際には世界に大した影響は与えなかったのですが、日本全体に「なんとかしなければならない」という空気が醸成されていました。

◉日本の景気を急回復させた円安政策

その頃の日本の最大の関心事はホーリー・スムート法ではなくて、同じ昭和五（一九三〇）年に開かれたロンドン軍縮会議でした。その八年前の大正十一（一九二二）年にワシントン軍縮会議が開かれていますが、ここで戦艦などの主力艦の保有割合をアメリカ、イギリスを5、日本は3の比率にすることが決まりました。しかし、アメリカはその後、強大な海軍をハワイに集中し始めていました。

前回お話ししましたが、日本の海軍はアメリカと洋上決戦をする場合、敵の艦隊を小笠原沖に引き付けて決戦するという構想を持っていました。日露戦争の日本海海戦に相当するのは小笠原沖だと見ていたのです。そこで、小笠原沖にアメリカの艦隊が来るまでに一隻でも多く沈めておきたい。そのためには魚雷攻撃が必要だということで、潜水艦とか駆逐艦といった主力艦ではない補助艦を増やしたいと考えていました。

ところが、それに歯止めをかけたのがロンドン会議でした。この会議で、米・英・日の補助艦の保有比率を大体10・10・7にするということが決まったのです。

これがのちに統帥権干犯問題につながって、浜口雄幸《おさち》首相が右翼に刺されることになります。その少し前に若槻《わかつき》礼次郎が首相になっています（第一次若槻内閣）が、その時の大蔵大臣が浜口雄幸でした。そして浜口内閣の大蔵大臣を務めたのが井上準之助という人です。

若槻礼次郎も浜口雄幸も東大法学部出身で、大蔵省に入って、そこから政界に出ました。井上準之助も同じく東大法科から経済界に出て（日銀に入行）、当時の横浜正金銀行頭取を経て日銀総裁となり、第二次山本内閣（山本権兵衛首相）で大蔵大臣を務めています。その後、浜口内閣で大蔵大臣を務め、第二次若槻内閣でも大蔵大臣を務めました。

そういう人たちが金解禁をやりました。元来の貨幣制度は、その国が持っている金の量に応じてお金を出すという金本位制でした。ところが、第一次大戦でそれが中断し、戦争が終わってから金本位制に戻そうという運動がありました。その時にイギリスをはじめとする主要国は戻ったのですが、ドイツやフランスは通貨価値が下がっていたため、金本位制ではあるけれど昔の価値には戻さなかったのです。

ところが、日本は昔の価値に戻しました。第一次大戦前は一ドルがだいたい二円でした。日本は第一次大戦で儲けたという話をしましたが、その後の関東大震災で大打撃を受けて、一ドルが二円四十銭ぐらいまで下がりました。しかし、金本位制に戻す時に、浜口首相と井上準之助蔵相は戦前の為替《かわせ》水準に戻そうと、一ドル二円にしたのです。つまり、円を切り上げたわけです。今なら誰でもわかる原理ですが、ホーリー・スムート法で大不況が来ている時に円を切り上げたのですから、日本はさらに大きな打撃をこうむることになりました。

その時に、もっと円を弱くするべきであると主張したのが、在野の石橋湛山だとか高橋亀吉だとか小汀利得《おばまとしえ》といった人たちです。この人たちはみんな早稲田大学の卒業生です。ところが、首相や蔵相はすべて東大法学部卒で大蔵省に入り、外国にも駐在や留学の経験もあって世界の金融事情に詳しい人たちです。だから、外国に留学したこともない、しかも帝大卒でもない連中が何を言うかと全く耳を貸さなかったのです。

これは非常に面白い傾向です。今でもそういう傾向は十分ありますが、当時の帝国大学と早稲田大学の差というのは、今ならば普通の大学と専門学校の差ぐらいの感じでしょう。だから、せせら笑ったわけです。

しかし、そのうちに金本位制に戻そうと言い出したイギリスが勝手に金本位制をやめてしまいました。日本では浜口さんが暴漢に襲われた結果として亡くなり、井上さんも血盟団事件で暗殺されてしまいます。

それで結局、金本位制をやめるのですが、やめてみたら円は一ドル四円を超えました。そのぐらいの力しかないときに、一ドル二円でやろうとしたわけです。実際の価値の半分以下になっていたのですから、経済がガタガタになるのも当然です。そんな背景がある中でブロック経済による締め付けが強くなってきたわけです。

ちょうどその頃、満洲事変が起こりました。満洲事変が起こって景気がよくなったと言われていますが、景気回復の直接的な引き金になったのは金本位制をやめて円が下がった結果、輸出が上向きになったことです。

景気を回復させたのは政友会が政権を握っていた時でした。浜口さんたちは民政党でした。今から見ますと、民政党のほうが政治論的には正しい面が多いのですが、あの時はむしろ早稲田出身の人たちが言っていたことが完全に正しかったと言えます。

しかし、それだけの不況から急速に立ち直ったのと満洲事変が起こったのが大体一緒の時期だったものですから、救い主という感じになったのです。でも本当は、一ドルが二円から四円に下がったために輸出が伸びたという面が強かったと言っていいでしょう。満洲事変はブロック経済打破の一つの方策として考えなければいけませんが、日本の景気に直接働きかけたわけではありません。

◉世界恐慌で息を吹き返したマルクスの予言

それよりもっと重要なのは、オタワ会議の背景から出てくる話です。というのは、この不況はどうして起こったのかが真剣に考えられるようになったのです。それはマルクスが息を吹き返したことが大きいのです。

マルクスは日本で言えば江戸時代の学者です。その時代の人が言ったことが近代の経済学に大きな力を持つとは考えられません。プロの経済学者から見れば、そんなものは葬られていたと言ってもいいのです。

実際、マルクスの予測は当たりませんでした。例えば、マルクスの意見によれば一番産業が発達したところから革命が起こるはずだったのですが、それは一番遅れているロシアから始まりました。断トツで産業が進んでいたイギリスは、革命運動ではなくて労働組合運動になっているのです。

イギリスはマルクスが本を執筆した場所です。マルクスは大英博物館の図書室で原稿を書きました。だからイギリスは発祥の地なのですが、イギリスではもっと温和なフェイビアニズムという名の運動になって、労働組合運動と一致していました。

このフェイビアニズムは、ファビウスというローマの将軍の名に由来しています。この人はローマにカルタゴのハンニバルが攻めてきた時、ハンニバルには勝てないと考えて真正面の戦争はできるだけ避けて、ハンニバルを疲れさせるという案を立てました。ハンニバルはわざわざカルタゴから渡ってきているわけですから、そう長くイタリアに留まれるわけはないと考えたのです。そして、とにかくハンニバルは戦争の天才だから正面衝突は避けて適当に逃げたり追ったりしたほうがいい、というのがファビウスの意見でした。そのため、この人は臆病者と悪口も言われました。

そのうち、正面から決戦を挑もうというローマの人の意見が通って、カンネでハンニバルと戦うのですが、ローマは壊滅的な打撃を受けてしまいました。それでやはりファビウスの言ったことが正しかったというので、再びファビウスの案に戻って正面衝突をうまく避けているうちに、ハンニバルはカルタゴに戻っていったのです。

だからフェイビアニズムというのは、ゆっくりゆっくりやろう、そんなに急いで革命を起こす必要はないじゃないかという考え方なのです。それが十九世紀後半のイギリスの社会主義的というか、進歩的な学者たちの議論でした。そういう考え方をフェイビアニズムといい、そういう考え方をする人をフェイビアンと呼んでいます。日本でも有名な劇作家のバーナード・ショウなどもフェイビアンです。

それから、イギリスではウェブ夫妻というお金持ちがいました。ウェブ夫妻は金があったものですから、学校を建てました。その学校を建ててから数年後にロンドン大学に寄付をして、ロンドン大学の一部になりました。これをロンドン・スクール・オブ・エコノミクス（London School of Economics and Political Science/LSE）と言います。ロンドン大学経済学部とかいろいろ訳し方がありますが、ロンドン大学は元来いろんな大学があったのを試験の時だけ同じレベルでやろうということでできた大学の集合体です。ウェブ夫妻の建てた学校も、そういうロンドン大学の一部になったわけです。

このウェブ夫妻も社会主義者でフェイビアンです。だからスロースローでやろうという主義でした。そのためにはとにかく社会主義立法ができる人、社会主義行政ができる人を育てなければいけないと考えて学校をつくったわけです。その学校で一番有名な教授はハロルド・ラスキという人です。この人は日本でも、少し戦前の勉強をした人なら知らない人はいないほどの有名な経済学者であり、政治学者です。この人もウェブさんと同じでフェイビアンでした。

ところが、不況を見てこの人たちの考えが変わるのです。「この不況はひょっとしたらマルクスが予言した通りになったのではないか」と思ったのです。当時の人にとってホーリー・スムート法の引き金で起こった現象は、大不況というよりも空前の大不況という感じでした。だから、これはなぜ起こったのだろうといろいろ考えたのです。

そこでウェブ夫妻はソ連を見に行きました。ソ連はできたばかりの頃は非常に評判が悪かったのです。何百万もの人を殺しているとか、飢えた農民たちは食えなくなって子供を川に投げ込んでいるとか、いろいろな話がありました。だから誰もソ連に同情しませんでした。

ところが、大不況の頃はロシア革命から十何年か経っていて、スターリンが五カ年計画を始めていました。五カ年計画は反対を一切許さずに集中してやりました。不満を言う者は殺してしまうし、スターリンの好きなようにやっていましたから失業者がいないのです。

ウェブさんたちは一九三〇（昭和五）年前後に失業者がいないソ連を見て、ひょっとすると共産主義のほうがいいのではないかと考えました。そして、労働組合運動で少しずつ変えていって、社会主義的なことがわかる人が官僚になり、行政府に入るようになればよくなるのではないかという考えをやめて、ソ連がいいと言い出すのです。

ハロルド・ラスキは政治学者として二大政党主義を述べていました。二大政党主義を書いた本は日本でも有名でしたが、大不況を見て本を書き直しています。その序文には、二大政党ではダメで政党は一つでないといけないと書いてあります。それまでは、二大政党主義は一方の政党が間違ったら他方の政党が訂正するからいいのだと言っていたのに、一つの政党がやっていかなければならないと全く違うことを言い出したのです。

イギリスの場合は保守党と労働党がありますが、労働党がたとえ天下をとったとしても、保守党になればその政策は変わってしまう。それでは政策に継続性がなくなるからよくない。議会は一党でなければならないというふうに変わったのです。イギリスでも学者の間ではそういう意見になってきたわけです。

◉右翼・左翼よりも重要な発想

　そのほぼ同じ年に、ヒトラーが授権法を獲得しました。これは立法府が行政府に権限を委任するという法律です。簡単に言えば、議会があっても議会の意見は聞かなくていいという権利を議会からもらったのです。だから、ヒトラーは何をやっても違法ではなくなるのです。議会から好きなようにやっていいという権利を正式にもらっているからです。

　戦後、ヒトラーは右翼と言われました。一方、スターリンは左翼で、労働党も左翼です。しかし、目指したものは同じでした。それは、議会制度ではだめだということです。

　その頃にTotalitarianism（全体主義）という言葉が生まれました。この言葉が日本で最初に使われたのはいつかと調べてみると、昭和四（一九二九）年でした。不況を背景にして議会主義は一党独裁よりダメだという極端な意見が出始めたのです。そして右翼と言われたヒトラーも左翼と言われたスターリンも、あるいは労働党のラスキやウェブも、同じことを言っていました。それを一つの言葉でまとめると「全体主義」になるのです。

戦後の大学紛争の頃、仲の悪い民青と革マルが喧嘩する時にお互いがお互いをファシストと言い合っているのが私はおかしくてしょうがなかったのですが、それと同じです。両方ともにファシストであり、共産主義者なのです。要するに全体主義です。そして全体主義は自由主義的な経済を否定するのです。

大不況が起こったことによってマルクスは信用されるようになりました。何十年間も本気で信じる人はいなかったのに、マルクスの不況論が当たったことによって信用されるようになったのです。もちろん、日本の当時の学会ではラスキとかウェブは神様ですから、日本の学者たちもみな彼らの意見に従うような雰囲気になりました。直接、コミンテルンの影響で左翼的な思想に染まっていた学者もいましたが、イギリスの学会もそうなっていたわけです。もちろん、ドイツもそうです。先進国がみな、あの不況のために全体主義になっていったのです。これは恐ろしいことです。

フリードリヒ・フォン・ハイエクというウィーン出身の経済学者が業績を買われてロンドン・スクール・オブ・エコノミクスに呼ばれました。そのうちヒトラーが擡頭してくると、ヒトラーから睨まれた学者が次々にロンドンに逃げてきて、ロンドン・スクール・オブ・エコノミクスで教えるようになりました。それらの人たちを見て、ハイエクさんは非常に不安になってきて、『隷従への道』という名著を書きました。その序文には、同僚たちの不評を買うに違いないけれど、ヒトラーの思想もヒトラーから追われてきた人たちの思想も同じなのだということを書いています。実際、この本はイギリスで総スカンを食いました。しかし、アメリカで非常に評判になり、ハイエクさんはシカゴに行くのです。

この『隷従への道』は右も左も同じだということを経済学的に述べた名著です。そして、全体主義は必ず崩壊するということを経済学的に述べています。産業を国有化するとなぜ潰れるかということを明快に述べているのです。事実、ソ連は崩壊しました。ドイツも戦後になるとアデナウアーが出て、強烈な自由主義が復活します。イギリスもサッチャーになって復活しました。サッチャーのバイブルは、このハイエクさんの本でした。

左翼、右翼というよりも全体主義という発想が重要なのです。右翼でもヒトラーなどは完全なる全体主義です。左翼といわれるスターリンや一時のイギリス労働党も全体主義で括られます。日本はどうかというと、政党では全体主義に乗った人はいません。ただ、軍人と頭のいい官僚の中に全体主義的発想をする人たちが出てきました。しかし、これは今から見れば大いに同情すべきものです。アメリカならばブロック経済をやられても、戦争の準備をするにしても、いくらでも資源があるから統制をする必要はありません。富を配るだけでいいのです。ところが日本のように資源が限られている国は、ブロック経済をされると堪えます。特に東からはアメリカの大海軍が迫りきたり、西からはソ連の大陸軍が迫り来るという感じで戦雲が濃くなってくると、このままではまずいと心配しないわけにはいかないのです。

一番心配したのは戦争をする軍人です。特に頭の切れる参謀クラスです。それから役人では革新官僚と言われているような人たちです。彼らは、今までの自由主義政策では日本はやっていけないのではないかと考えました。ブロック経済のもとで戦争をしたら日本はどうなるのだろうかという発想をしたのです。そして、その時に日本にはどれだけの資源があるだろうと、日本の総資源を調べました。

ブロック経済で世界が右も左も全体主義になりつつあり、アメリカは全体主義ではないけれど非常に社会政策的なことをやってきているという時に、日本も同じように革新官僚たちが全体主義的な発想になってきたのです。人的資源、物的資源という言葉がありますが、この人的資源、物的資源をいかにうまく動員して次なる大戦に備えるかという発想の人がその頃から出てくるわけです。

当時の革新官僚には非常に優秀な人もいましたが、その発想法自体が国家の資源をすべて政府が握るという全体主義的な発想でした。だから、その革新官僚たちは、敗戦後は共産党に入るか、社会党左派になった人が多かったのです。

ただ、そうでなかった人もいました。例えば岸信介は革新官僚では一番冴えていたほうの人でしょう。それで、第二次近衛内閣の商工大臣に推されましたが、実際は小林一三《いちぞう》が商工大臣になりました。商工大臣という物資を握る大臣に、三井財閥などが推して小林一三を大臣にしたわけです。

小林さんは宝塚をつくったり、私鉄をつくって宅地開発をするといった発明をした人で、バリバリの自由主義者です。ただ、商工省の次官には岸さんがなりました。すると岸さんと小林さんは考え方が合わないのです。その結果どうなったかというと、小林一三が負けました。勝つための条件は一つあったと思います。石油を買ってみせたらよかったのです。例えばインドネシアに行ってジャワの政府から石油を買ってみせると言って買ってくれれば、岸さんも黙らざるを得なかったでしょう。

しかし、それができないとなると、あるだけのものでどうするかという議論になる。そうすると絶対に統制派が強いのです。彼らは日本にあるすべての資源を調べていますから、それがどこまで正確かは別としても「今、日本にはこれだけの石油があって、戦争をすれば何か月しか持たない」ということを数字で握っていたのです。

戦後になると、小林一三が岸さんに敗れたことを非常に残念がる声がありました。しかし、負けたといっても小林一三の発想が悪かったわけではありません。当時の世界は、日本みたいな資源のない国が自由経済で生き延びるのはほとんど不可能と思えるような方向にどんどん動いていたからです。

しかも、岸さんは大臣になる前に満洲国を短期間で世界一輝ける場所にしました。岸さんが満洲にいた頃、満洲の経済成長率その他は世界で断トツでした。その体験もあって、岸さんは東條内閣の時に商工大臣になるのです。

◉第二次大戦の元凶となったもの

統制経済が求められたのも、もとを正せばホーリー・スムート法に原因があります。はっきり言って、戦争を引き起こした元凶はホーリー・スムート法だったのです。それを一番よく知っていたのはアメリカとイギリスだったと思います。

大戦末期、すでにドイツも日本も力が尽きかけている頃に、アメリカのニューハンプシャーにあるブレトンウッズという場所で戦後の世界経済をどうするかを話し合う会議が開かれました。その会議でＩＭＦや世界銀行をつくるというアイデアが出されましたが、その趣旨は世界の貿易を拡大するということでした。つまりホーリー・スムート法が世界の貿易を潰したという認識からスタートしているわけです。ブロック経済になるとドイツも日本も生きていけない。だから戦争に踏み切ったのです。それなら、お互いに貿易をやっていたら戦争にならないのではないかというわけです。

だから戦争末期にイギリスとアメリカはブレトンウッズ体制をつくり、ドルを基軸通貨として各国の通貨価値を決め、為替相場の安定を図ることを考えました。そして戦争が終わると、ＩＭＦや世界銀行が生まれるのです。また、このブレトンウッズ体制の一環としてＧＡＴＴ（関税貿易一般協定）が結ばれました。関税をお互いに下げて自由貿易を拡大していきましょうという協定です。これが今のＷＴＯ（世界貿易機関）になるわけです。いずれも、この前の戦争の原因は各国が自分のエゴで貿易を殺したからであるという認識に基づくものだと思います。

話を戻しますと、景気がよくなったのはヒトラーが出てきてからということなのです。ホーリー・スムート法ができて、その二年後にオタワ会議でイギリスがブロック経済を始めます。その年にヒトラーが政界に出てくるのです。そして、ヒトラーが政権を握ると、先ほどの授権法によって強引に国家主義的政策を始めます。それによって一時は経済が勃興するのです。

元来が力のある国でしたから、ヒトラーの采配通りにやることで一気に景気が回復しました。ドイツ中に高速道路ができて、失業者がいなくなる。今まで上流階級しか乗れなかった自動車に普通の人も乗れるようになる。魔法のようなことができることをヒトラーは示したわけです。これは国家社会主義の輝ける業績だったでしょう。

このようにして国力がついたドイツは、ライン川左岸のフランスが占領していたドイツ領土に兵隊を進めて取り返しました。ついでにオーストリアを併合し、チェコも併合する、そこまで行くだけの力があったのです。そしてポーランドに攻め込んだ時に、条約に従ってイギリス・フランスがドイツに宣戦布告することになったのです。

その頃、ようやくアメリカの景気が回復します。日本も昭和六（一九三一）年の満洲事変と翌年の満洲国建国に加え、円が二ドルから四ドルまで下がったことで貿易がよくなり景気が回復してきました。

◉満洲事変が起こるまでに何があったのか

満洲国の建国は非常に難しい問題です。日露戦争はなぜ起こったかということまで考えないと満洲事変はわからないと当時の人は言っています。また、満洲事変の後で国際連盟が発表したリットン報告書の中でも満洲は特別なものであると言っています。イギリス・アメリカ・ドイツ・フランス・イタリアの代表が満洲に来て何か月もかけて調べた結果、満洲は日本にとって特別な地域であって、日本が国境を侵したという簡単な問題ではないとはっきり言っているのです。

確かに満洲事変は日露戦争から説き起こしていかないとわからないところがあります。日露戦争が起こった時、満洲は清国の領土でした。ところが、一九〇〇（明治三十三）年に北清事変（義和団の乱）が起こりました。これは元来、拳匪《けんぴ》の乱といって西欧嫌いな連中が立ち上がったものですが、西太后という清朝の皇太后で実権者が応援したため清兵が北京にある先進国の公使館を攻撃し、清国対先進国の戦いになりました。

その時、日本軍が一番活躍して北京を守りました。ロシアはその時、連合軍の一員として派兵したのですが、乱が鎮圧された後も満洲に居座って、兵を引こうとしませんでした。それどころか兵隊を回して遼東半島にある旅順や大連に港を建設し始めるのです。遼東半島は日本が日清戦争で一時、清国から割譲されたところです。それをロシアがフランス・ドイツと組んで三国干渉によって取り上げたのです。

そこをロシアはどんどん軍港にしていきました。日本は当時まだ弱かったので、ロシアが満洲まで出てくるのには目をつぶるから、朝鮮半島までは出てくれるなという交渉をして話をまとめました。ところが、ロシアはその約束も反故《ほご》にして朝鮮に進出してくるのです。

そして、朝鮮の鉱山開発権、木材伐採権を取得し、北の龍岩浦という漁港だったところを占領して軍港にする。さらに南下して壱岐対馬の目と鼻の先の鎮海湾《ちんかいわん》に港を借りました。朝鮮までロシアに取られたらたまらないということで、ついに日露戦争が勃発するのです。

日露戦争が始まった時に満洲はロシア領になっていたと言っていいでしょう。なぜかというと、清国の官僚が満洲に行くにはロシアの外交官の許可が必要だったからです。これは実質的に満洲がロシア領になっていたという証拠です。これが重要なところです。要するに日露戦争は、日本が莫大な血を流して、莫大な金を使って、満洲からロシアを追っ払った戦いだったのです。

◉日本ほど借金を踏み倒さない国はない

ちなみに日露戦争で日本は借金をしましたが、借金を返し終わったのは、なんと平成十（一九八八）年のことです。ついこの間の話です。日本ほど借金を踏み倒さない国は世界にありません。律義に最後まで払っています。日本人は借金を物凄く気にするのです。借金を払うために警官が強盗をするというような事件もありました。借金を払わないほうがずっと罪は軽いと思いますが、強盗をしてまで借金を払おうという国なのです。だから、日本を知っている人は、お金について日本人を非常に信用しています。

私がそれを体験したのは三十年ぐらい前のことです。イギリスに一年住んでいて、帰国する前に田舎の古本屋を回りました。変わった人がいて、使わなくなった映画館を買い取ってイギリス中から古書を集めて古書の街にしていました。そこに立ち寄って、欲しい本を選んでカウンターに積み上げました。そして、「勘定はいくらですか」と聞くと、カウンターのおじさんが「後で請求するから住所を教えてくれ」と言うのです。「僕は数日後に日本に帰るんだ」と言うと、その人は「構わないよ。本はちゃんと送るから住所を教えてくれ」と言いました。それで住所を教えて、しばらくロンドンに滞在した後で日本に帰国したら、ちゃんと本と請求書が届いていました。

詳しく話を聞いてみますと、明治以来、イギリスに留学した日本人はたくさんいて、日本人は本好きなのでいろいろな人が本を買いに来たようです。しかし、不義理をした人は一人もいなかったらしいのです。だから、イギリス人の古本屋の世界では、「日本人には後払いでいくら送っても構わない。必ず金は払ってくれる」という伝説が成立しているということでした。

もっともな話だと思いました。何しろ二十世紀の初めの日露戦争の時の借金を何十年も後まで真面目に払っているわけですから。その間には、第一次、第二次と二度の大戦がありましたが、それでも払い続けているのです。こんなに真面目な国はありません。戦後、日本の復興が早かった一つの理由として、日本と取引していた海外の銀行、金融関係者が日本人は不義理をしないことをよく知っていたからだという説もあります。これも十分ありうる話です。

日本としては、満洲からロシアを追い払うためにそれだけの金をかけ、血を流したのですから、ある程度の権利をもらうのは当然でしょう。満洲を全部もらうと言っても通用した議論だったのではないかと思われるぐらいです。それでも、日本は清国に満洲を返しました。そして、遼東半島と南満洲鉄道とそれに付随する鉄道の幅一キロ程度の居住権だけを持ちました。それで何も問題はなく、満洲はずっと安泰だったのです。

◉張作霖爆死事件の真相

おかしなことに日露戦争が終わると日本とロシアは仲良くなりました。なぜかというと、日露戦争が終わると、満洲にアメリカが鉄道を敷きたいと言ってきて、それにシナの政治家が乗ったのです。鉄道は北のほうはまだロシアが持っていますし、南のほうは日本が持っていますから、アメリカあたりが新しい鉄道を敷かれると困ります。それを阻止しようということで一転してロシアと日本は仲良くなるのです。だから、ロシアに共産革命が起こらなければ、周辺に匪賊《ひぞく》は多少いたとしても満洲は静かなままであったと思います。

ところが、大不況で先進国がブロック経済を始めると、日本も同じようにしなければいけないという気が生じてきました。そこで、とりあえず満洲とブロックをつくろうと考えました。満洲には大豆とか石炭があります。そして貿易相手としてはシナが重要です。シナは意外と資源のない国ですが、人口が多いので日本から輸出するものはたくさんありました。逆に石炭など買うものもあります。石油がないのは残念でしたが、満洲とシナとブロックを組めばまずまず足りるだろうということで、これを一つの経済圏にしようと考えたのです。

そんな時に、満洲では張作霖や息子の張学良などが反日に転じました。前回お話ししたように、張作霖爆死事件は今では日本の人間が仕掛けたものではないことがわかっています。東京裁判では関東軍の河本大作がやったと言われましたが、中国で捕まっていた河本は証人台に呼ばれませんでした。パルさんも指摘していますが、呼ぶと困るから呼ばなかったのです。当時、河本大作の身柄を押さえていた中国共産党政権はコミンテルンですから、張作霖を爆死させたのはコミンテルンのエージェントであることはちゃんと知っていたわけです。

河本大作がやったというのは、伝聞以外の証拠は何もありませんでした。当時、張作霖と日本の関係は確かによくなかったのですが、ソ連との関係はもっと悪かったのです。張作霖は馬賊出身ですから共産党が好きではなく、共産党の事務所を襲撃したり、ロシアが持っていた鉄道を取り上げようとしたりして揉めていました。だから、日本とロシアとどちらが張作霖を殺したいと思ったかといえば、ソ連が8ぐらい、日本が2ぐらいという感じだったと思います。

その決定的な証拠が情報開示で出てきたわけです。犯人はトロツキーを殺した男の手下で、名前もちゃんとわかっています。その男が「自分が張作霖の乗っている車両に行って、そこで爆弾を爆発させた」と言っているわけです。それが関東軍の将校の仕業だということになったのは、コミンテルンの情報戦術のうまさです。「関東軍の将校が何かやりそうだ」という噂を事前にばらまいていたのです。だから、事件が起こった時、「あの噂は本当だった」とみな思ってしまったのです。田中義一首相や昭和天皇もそれに引っ掛かってしまったわけです。

爆死事件後、満洲では関東軍がピリピリしていました。当時、関東軍に一万人前後の兵隊しかいませんでした。しかし、張作霖の後を継いで満洲を支配していた息子の張学良には二十万の兵がいました。しかも、張学良が満洲を蔣介石に渡そうとしているという噂がありました。

そういう一触即発の状況の中、満洲事変が起こったのです。満洲事変では張学良の二十万の軍隊を一万の日本兵が追い払い、日本軍が満洲の軍事的覇権を握ることになりました。後には匪賊が残っているだけでした。匪賊たちは張学良がいなくなったのをいいことにあちこちで独立を宣言し、満洲には五つぐらいの国ができました。

◉満洲国の独立と皇帝溥儀の真実

その一方でこういうことがありました。清朝の最後の皇帝・溥儀《ふぎ》は、一九一一（明治四十四）年に起こった辛亥《しんがい》革命で皇帝を辞めさせられて北京の紫禁城に住んでいました。革命を起こした孫文とか袁世凱《えんせいがい》は溥儀に莫大な金を与えるという約束をし、溥儀を紫禁城から追い払いました。しかし、その約束は守られませんでした。

そのうち、馮玉祥という皇帝が大嫌いな将軍が北京に現れます。馮玉祥はクリスチャンと言われていますが、モスクワと親しかったのでソ連の共産党から武器などをもらっていたと思います。この男が北京に入ってきたので、溥儀の命が危機にさらされます。どうしようかとなった時に、溥儀は一番信頼していたレジナルド・ジョンストンというイギリス人の家庭教師と一緒に紫禁城から逃げ出すのです。捕まったら大変ですから、風が吹いて黄砂が舞って視界が利かない日を選び、番兵の目をくらまして逃げました。そして、北京の日本公使館に入ります。

日本の公使館に溥儀を入れる時、公使は躊躇しました。芳澤謙吉という公使ですが、「ちょっと待ってくれ」と溥儀の一行に言いました。そのため溥儀はしばらくの間、ドイツの病院に隠れていました。その後、準備を整えて一行を公使館に招き入れるのですが、溥儀のために用意した部屋は日本公使館の一番いい部屋でした。それは公使夫妻の私室だったのですが、それを溥儀に提供したのです。

日本は陰謀を企てて溥儀を脱出させたわけではありません。殺されるかもしれないという危機を感じた溥儀が自らの意思で自分の一番信用しているイギリス人学者と一緒に日本公使館に逃げ込んできたのです。これが溥儀と日本のかかわりのそもそもの始まりです。

溥儀の一行は次に天津の日本租界に移りました。天津には日本軍がいますから安全だという理由です。そのうち、日本軍が満洲で匪賊を追い払うと、頭のいい参謀たちは「溥儀を満洲に連れてきたらどうだろう」と考えました。溥儀はその前から「故郷である満洲に帰りたい」と希望していたのです。

溥儀に関して一番信用できるのは、一緒に逃げたジョンストンが書いた『紫禁城の黄昏』という本です。ジョンストンは一流のシナ学者で、イギリスに帰ってからロンドン大学の教授になり、東方研究所所長も務めています。そんな人が書いた本ですから、満洲国建国物語としてこれほど信用できるものはありません。

そのため『紫禁城の黄昏』は東京裁判の時に弁護側から証拠資料として提出された

のですが、却下されてしまいました。これが出てくると東京裁判が成立しないからです。溥儀と一緒に逃げた当人が書いたものですから間違いないのですが、それゆえに裁く側にとっては困ったものになる。だから却下したわけです。

溥儀がシナに見切りをつけたのは、先祖の墓が蔣介石の家来に爆破されて、一緒に埋めてあった貴重な宝石なども奪われたのがきっかけでした。それに対して、蔣介石から一言の謝罪もないので、漢民族はもう嫌だと感じたわけです。

溥儀のフルネームは愛新覚羅《あいしんかくら》溥儀といいます。愛新覚羅という名前は漢民族にはありません。これはツングースにある名で、つまり満洲族です。溥儀は満洲族の皇帝であり、清国というのは満洲族の帝国なのです。清の前の明は漢民族の帝国であり、その前の元は蒙古民族の帝国です。このようにシナ大陸には違った民族の王国が何度もできています。太古に遡れば、漢民族の帝国もありますが、そうでない民族が支配していた時代もあります。

ほとんどの日本人は、清国とはシナ人の国だと思っているのではないでしょうか。我々がそう思うぐらいですから、西洋人はみな、清国はシナ人の国だと思っていると考えていいでしょう。

そして先に出てきた辛亥革命というのは、本来、革命と言うべきものではなくて、独立運動なのです。漢字で革命と書いてあるからややこしいのですが、英語に訳すなら独立運動です。北から来た満洲族という異民族がチベットも含めて全シナを支配していたのです。これに対して、南のほうにいた漢民族が広州辺りで独立運動を起こしたわけです。孫文も蔣介石も浙江《せっこう》財閥ですから南のほうの出身です。だから辛亥革命とは、漢民族の満洲民族に対する独立運動なのです。本来ならば辛亥独立運動と言うべきです。

そうすると事の本質がよく見えてきます。日清戦争で日本はシナと戦争をしたと思っていますが、あれはシナ大陸も含めて、満洲帝国と戦争をしたのです。そしてその王朝は満洲族の王朝です。

満洲族はヌルハチという人が祖となって、徳川家康が死んだ頃に勃興してきます。なぜ勃興したかというと、ここにも日本が関係しています。豊臣秀吉の朝鮮の役の時に明軍が大軍を派遣しますが、戦場では日本にコテンパンに負けました。漢民族の明が日本にやられるのを見たヌルハチは、明は案外弱いのではないかと考え、奮い立ったと言われています。

そして朝鮮の役が終わって十何年後には、明を滅ぼしています。明があっという間に消えてしまったのは不思議に思えましたが、明の弱体化を満洲族が見て攻撃したわけです。そして、ヌルハチの子の代になると北京を占領して清国を建てました。そして、その孫の代になるとシナ全土を征服したということなのです。

台湾の故宮博物館に行くと、いろいろな書が展示されています。その中に、よくわからない字で書かれているものがあります。あれは満洲文字です。満州族の清朝は、シナ人に対しては漢文で、満洲人には満洲語で、蒙古人には蒙古語でというように、五か国語ぐらいで命令を出していたと言われています。

こうした背景があったため、溥儀が満洲に戻ってくると馬賊が建てた五つぐらいの小さな独立国が一つにまとまって満洲国ができました。それらの小さな国がまとまって、溥儀を皇帝として戴いてできたのが満洲国なのです。

ただ、北京から逃げてきた溥儀に行政機構があるわけではないので、満洲人か清朝から付いてきた人たちを大臣にしました。そして、実際の行政は溥儀を保護していた日本がやらざるを得なかったのです。

◉日本とローマ帝国の共通点

『ローマ人の物語』を書いた塩野七生さんと話をした時に、ローマ人の特徴はジュリアス・シーザー以来の伝統で、征服した地域の酋長を立てて占領地の行政をやらせたことだと塩野さんは言われました。ローマ帝国が大きくなって、パクス・ロマーナができた原因はそこにあるという趣旨のお話をされました。

私はそれが正しいと思います。例えばジュリアス・シーザーはガリアを征服しました。今のフランスです。そして征服すると、酋長たちの顔を立ててやりました。だから、シーザーがローマに帰って自分の政敵と戦争をしなければならなくなった時、ガリアでシーザーに敗れた連中がシーザーを手助けするのです。

征服してもその地の酋長の顔を立てていったというのがローマ帝国の特徴になっていったということを塩野さんはしきりに主張されました。そこで私は言ったのです。「それなら日本もローマ帝国ですよ」と。例えば、台湾からは貴族院議員を出しました。これはローマ帝国で言えば、属州から元老院の議員を出すのと同じです。また、朝鮮では王族をそのまま残しました。朝鮮王はそのまま国王の称号を受け、王の息子たちは王太子の称号を持つことが永久に補償されました。それから両班、つまり朝鮮の貴族は日本の華族に加えて、伯爵や子爵にしました。

日本の軍隊の中にも朝鮮人の中将がいました。中将というのは親任職で、天皇から直接に任命されます。軍隊でいえば師団長になれます。戦前の位でいうと、大佐というのが大体、県知事と同じ格です。

例えば山形県には山形県知事がいます。これは民間で内務省が任命します。また、山形連隊というのがありましたが、この連隊長は陸軍省が任命します。軍の連隊長と民間の知事が大体同格なのです。その上には師団長がいます。東北では山形、仙台、弘前に師団がありました。これになると県知事よりはるかに上の格です。師団長には大体、中将がなります。大佐が連隊長で県知事と同じぐらい、大佐の上が少将、その上が中将で、この中将が師団長になります。戦前は朝鮮人の中将がいました。これはローマ帝国でいえば軍団長と同じです。

それから、朝鮮には全羅南道とか慶尚道といった区分があります。この道とは日本の県みたいなものですが、県知事に相当する道長の半分近くは朝鮮人でした。要するに、日本の統治はアメリカのインディアン征服やイギリスの植民地化とは全然違うのです。アメリカはインディアンの土地を取り上げましたが、インディアンを州知事にした例はありません。イギリスはタスマニア人は皆殺しにしましたが、オーストラリアに行ってアボリジニを村長や郡知事、郡長にしようというような発想は初めからありません。

ところが日本は初めから全部、その土地の人を立てているのです。だから「ローマ帝国と同じですね」と私は言ったのです。すると塩野さんは「ああ、そうですね。ただ時間がなかったですね」と言われました。確かに日本が百年とは言わず、もう五十年でも統治を続けていれば、ローマ帝国的な一つの大きな帝国ができていたと考えてもいいかもしれません。ただ、塩野さんの言われたように時間がなかった。そして西の共産党、東のアメリカに潰されたという感じです。

だから、西洋人に日本は帝国主義だったと攻撃されたら、「我々はローマ帝国のようにやったのだ」と言えばいいと思うのです。台湾人で元老院に当たる貴族院の議員になった人が三人もいたのです。朝鮮だって県知事に相当する人が三十年ぐらいの間に何人も出ていますし、日本の軍隊には師団長になれる朝鮮出身の軍人もいました。このようなことは自慢してもいいと思います。

◉南洋諸島の人たちも礼賛した日本の統治能力

話がそれましたが、こうして溥儀は満洲国の皇帝になりました。溥儀が皇帝になると、有能な人が周囲を固め、手助けをしました。経済なら岸信介だとか星野直樹、実業界なら鮎川義介といった人たちがその役目を果たしました。その結果、満洲が独立してから日本が戦争に負けるまでの間のこの地の発展は、想像を絶するほどでした。あれがもう二、三十年続いていたらどうなっていたか。満洲が非常に発展して、アメリカがイギリスに独立戦争を起こしたように、満洲と日本との間で戦争になったかもしれないと冗談も考えられるぐらいでした。

満洲国は終わりが残念でしたが、日本としては全然恥じることはない。むしろ自慢してもよいことだったと思います。

満洲がそれほど発展したのは、日本人の統治能力が素晴らしいかったからだと思います。私は昭和四十四（一九六九）年にアメリカにフルブライトの教授で呼ばれた時、アメリカの雑誌にこんな記事が載っているのを見つけました。マーシャル群島の島の村長さんや酋長さんたちがアメリカの議会に来て独立を請願する時に戦時中の日本人の統治を引き合いに出しているのです。

それによると、日本人は非常に厳しい民族であったが、彼らが統治していた時、島には青々とサトウキビが生えて、島民も勤労を楽しんでいた。ところが、アメリカが来たらすべてなくして缶詰だけくれた。我々はもう一度、島を元のように戻したいのだ、という趣旨の発言をしていたのです。

昭和四十四年頃は、まだ日本が悪かったという声しかありませんでした。その頃のアメリカの雑誌にそんな記事が載っていたので、私はびっくりしました。

南洋群島を日本が統治するようになったのは第一次大戦後ですから、一九一八年か一九二〇年あたりです。その次の大戦までのわずかな間に、島民が生きがいを感じるような島にしていたというのは驚くべきことです。今も、どこがやっても治まらないけれど日本がやったらうまくいきそうな国がたくさんあります。日本人の統治能力はそれほど高いと思うのです。

◉蔣介石は満洲の独立を認めていた

満洲の独立については、さまざまな誤解があります。統治に一番反感を持ったのはもちろんアメリカ、そしてソ連とシナです。しかし、満洲は奇跡的によくなっているのです。発達する基礎はありました。日露戦争以来、日本が預かった地域は非常に発達していましたから、そのやり方を真似すればよかったのです。手本が非常によかったと思うのです。

蔣介石にしても満洲はすぐ隣ですから貿易をしたほうが得なのです。そこでシナ（国民政府の中華民国）は日本との間で塘沽《タンクー》協定を結んで満洲事変を終結させ、事実上、シナ人は満洲の独立を認めました。これは東京裁判でパル判事が指摘しています。満洲の独立は塘沽条約で決着がついているから東京裁判のテーマにしてはいけないとパル判事は言っています。しかも満洲国は世界の二十数か国が独立を認めているのですから、戦後になって裁判で蒸し返すのはおかしな話でした。

非常に興味深いのは、満洲の調査をしてリットン報告書を書いたリットンという人です。イギリスには日本から見ると羨ましい人名事典があります。そこには国が始まってから二十世紀の終わりまでの人物が掲載されています。一ページ二段組みで、百科事典と同じ大きさの分厚い人名事典です。二十一巻あって、十年ごとに千ページぐらいの伝記が追加で出ます。だから、全部で三十何巻ぐらいあったと思います。

ところが、何年か前に全く新しい構想に基づいて百科事典より厚い六十一巻の人名事典が出ました。この事典を見ると、リットンさんは割と満洲で起こったことを公平に見ていたことがわかります。張作霖爆死事件でも、これは神秘的な事件であると言って決して日本がやったとは言わないのです。

その一方、満洲はシナの自治州にすべきではないかとか、治安維持のために国際警察をつくるべきではないかといったことも言っています。パル判事はそれを無責任な話と批判して、当時の治安をまだ存在もしない国際警察が治められるわけがないという趣旨の反論をしています。要するに、リットンさんは清朝の歴史を知らなかったのです。リットン報告書の二年後に出たジョンストンの本の中にも、あの人たちは知識が足りなかったとはっきり書いてあります。

リットンが死んだのは一九四七（昭和二十二）年です。古い人名事典によれば、リットンの業績として日本の満洲侵略についての非常に公平なレポートを書いたと記されています。当時のイギリスの判断では、満洲事変を日本の侵略として把握していて、それに対してリットンさんは報告書を書いたと言っているわけです。ところが、最近出た六十一巻の人名事典を見ると、日本の侵略という部分が消えていて、リットンは満洲の事件に関して非常に公平なレポートを書いたけれど、満洲は独立したので何の役にも立たなかったと書いています。向こうでも歴史の研究が進んでいるということです。

しかし、満洲国ができたのは一九三二（昭和七）年ですから、ホーリー・スムート法ができた二年後で、オタワ会議が開かれたのと同じ年です。日本のそれまでの外交方針は「アングロサクソンに従え」ということでした。それは正しかったのですが、アメリカは日英同盟を解消させ、移民問題で人種差別をむき出しにしてきました。そして、あろうことか今度は貿易ができないぐらいに締め付けてきました。日本がアメリカに抱いていた好意を裏切るようなことを次々に始めたのです。日本の戦前の雑誌を見るとわかりますが、日本人はイギリス、アメリカが好きだったのです。それなのに片っ端から裏切られたという感じです。

その中でも一番深刻だったのは、ホーリー・スムート法を発端として始まる世界のブロック経済化でした。ブロック経済は、途轍もない不況と物凄い失業問題を起こし、あたかもマルクスの予言が当たったかのごとき錯覚を世界中の学者に与えました。あの穏健なイギリスの労働党の人たちが二大政党制ではなく一極にしなければいけないと言ったほどです。また、ヒトラーも出てきて、スターリンが議会はいらないと言うような世界になったのです。そのすべての引き金となったのがホーリー・スムート法だったのではないかと私は考えています。

第三章

何が軍部を独走させたのか
——統帥権干犯問題と軍部大臣現役武官制

◉世界的な大不況の原因

戦後は右翼と左翼がきっちり対立するものの如く言われました。ところが、前回も述べたように、右翼も左翼も根っこの部分は同じなのです。すでに大正の終わり頃のイギリスの文献には、両方についてTotalitarianism（全体主義）という言葉を使っています。全体主義は、簡単に言えば国家が経済をすべて抑えるということです。その時にスターリン的に押さえるのも全体主義ですし、ヒトラー的に押さえるのも全体主義なのです。戦争中の日本も全体主義でした。あるいは、昭和の前期に要人暗殺を実行した連中の思想も、すべて国家がやらなくてはダメだという思想でした。だから、右と左と違うようでいて、出発点は全く同じなのです。

戦後は、「戦前の右翼が悪かった」と左翼の人が盛んに言いましたが、左翼も悪いことをやりました。程度の差はありましたが、やろうとしたことは変わりません。

この前の話の続きになりますが、司馬遼太郎さんの『坂の上の雲』の先の日本は非常に明るい時代だったのです。一番平和で、一番着実に社会が進んでいました。それは当時の小説などを見れば一目瞭然です。そのうち第一次大戦があって、黒雲が東西から生じました。その黒雲の一つはアメリカからやってきました。人種差別による日本移民に対する迫害です。これは日本人がペリー以来、アメリカに対して持っていた親近感を根本から覆すものでした。もう一方の黒雲は、第一次大戦中に起こったロシア革命です。ロシア革命は国境を超えて革命を世界に及ぼすという壮大なる計画の下に進められました。それまでの世界になかったものなので、どの国もうまい対応策が見つからず、ズルズルと入り込まれてしまいました。

この東西の黒雲に加え、最も直接的に日本に打撃を与えたのがアメリカ議会に上程されたホーリー・スムート法でした。それは、わずか一年の間にアメリカの貿易額を半額以下にするという凄まじい関税障壁をつくりました。関税障壁は世界に広がって、イギリスも二年後にはアメリカに対抗してブロック経済圏を形成しました。

ブロック経済をやられますと、日本みたいな資源の乏しい国には深刻な影響がありました。その結果、日本あるいは世界を襲ったのは物凄い不景気と物凄い失業でした。

これを見て世界中の人がマルクスの予言が当たったのではないかと考えました。マルクスは当時、経済学者としては誰もまともに扱わないような存在になっていましたが、大不況・大失業が起こると、それを彼が予言したかの如く見えたのです。実際のところ、マルクスは別の理由で大不況・大失業が来ると言ったのですが、結果だけとして大不況・大失業が起こったため、彼を見直す動きが出てきたのです。

これによって世界は大きく変わりました。アメリカではルーズベルト大統領が出ました。その前のフーバー大統領は自由主義者でしたが、ルーズベルトはニューディールという社会主義政策を断行しました。大統領自身は共産主義ではなかったようですが、彼の周囲には共産主義者、あるいはコミンテルンの影響下にある人たちがざっと五百人はいたことが今ではわかっています。だから、そういう人たちが目指すような政策になったわけです。

ヨーロッパではヒトラーやムッソリーニが出ました。こちらもブロック経済の外に置かれてやっていけなくなり、国家社会主義というものを始めました。これは共産主義にも近い考え方で、私有財産は認めるけれども、生産手段その他の重要なものはすべて国家が押さえるというやり方です。そして、ヒトラーはこの方法でドイツを不況から回復させ、失業者をなくしました。最後にヒトラーが総選挙で勝った時には投票の九〇％を占めました。

圧倒的な支持を得て政権を握ったヒトラーは、強引にアウトバーンをつくり、フォルクスワーゲンをつくりました。一方では戦時賠償を払わないと決めました。ドイツは第一次大戦で負けて天文学的な賠償金をかけられていたのですが、それを払わないと宣言したのです。そうやってどんどんドイツ国内に仕事をつくり、景気をよくしたのです。

日本も大不況に襲われました。この前もお話ししましたけれど、私の母親は「お前が生まれた頃の不景気を思い出すと、今でも夜中にハッと目が覚めて冷や汗が出ることがある」と言っていました。それくらい物凄い不景気だったのです。

それは、考えてみればわかり切ったことです。江戸時代までなら日本は自給自足でやっていけました。ところが明治以後、開国して近代国家になると産業が近代化します。すると、鉄、石油、マグネシウムなど原材料が必要になりました。しかし、それらはほとんど日本では産出しないものばかりですから輸入しなければならない。そうしなければ、軍艦も飛行機もつくれないのです。

日本は絹などを輸出してお金を稼いでいたのですが、高い関税障壁ができてしまった影響で、輸出しても利益が出なくなってしまったのです。だから、利益を出すために労賃を削りました。賃金を下げるより方法がなかったのです。

そうやって輸出して得た金で鉄や石油を買いました。そして、今度は輸入したものを使って安物をつくって売りました。その頃の日本製品は「安かろう悪かろう」と言われました。おもちゃなども、今、中国がつくっているような安っぽいものでした。

それをいっぱい作って売るのですが、ここでも関税が高いし、材料は外国から買わなくてはいけない。売れるほどの値段をつけるには、やはり賃金を切り下げるよりほかに手がないのです。

要するに昭和初期に突如として起こった大不況は、アメリカがホーリー・スムート法という馬鹿げた法律をつくったことが原因だったのです。

◉不況の原因を説明せず、政府を悪とした経済学者たち

当時の経済学者というのは、意外に愚かなところがありました。このような不況になった仕組みを国民に説明しなかったのです。だから、不況は全部、政府が悪いということになってしまいました。

最近、非常に有名なケインズ学者のお話を聞いた時に、ホーリー・スムート法について質問してみました。すると、知らないというのです。そんな人が経済学者をやっているのかと驚きましたが、意外に抜け落ちているようです。というのは、ホーリー・スムート法を出すと、マルクスの不況説とか大恐慌説が全く関係なくなってしまいますから、おそらく日本の経済学者は議論の対象にしたくなかったのではないかと

推測します。ですから、全部、「政府が悪い」ということになるわけです。

ついでに言えば、経済学の人気が高かったのは、戦後しばらくの間です。世界中が戦争から復興する時に、ケインズが唱えた「公共事業に政府が金を出して雇用を創出することによって景気が上がる」というやり方が功を奏した時期があったのです。それはヒトラーが実践したことと同じことでした。ただ、それは長く続くものではありませんでした。

そういうことで、大不況の時に経済学者がしっかり原因を説明しなかったため、社会不安が大きく膨らみました。現実に失業者が続出しました。これと関連してよく例に出されるのが、東北の農村の女の子の身売りです。私の家も田舎でしたから、あそこの家も、あそこの家もという感じでした。

しかし、言われているのと違って、買われた女の子は嫌々行ったというわけではなくて、むしろ喜んで行っている子も多かったのです。何しろ当時の東北の農村は地主を除けばみんな貧乏です。寒い時期から苗代の水に入って、腰をかがめて働かなければなりませんでした。でも、町に行けば一生田んぼに入らなくてもいいのです。喜んで行っていたと言っても今の人には通用しにくいと思いますが、少なくとも悲惨さばかりではなかったことは確かです。

いずれにしても、それは身売りです。親の借金の保証になるという形です。だから、ちゃんとお金を稼いで借金を返せば自由になれるので、奴隷ではありません。従軍慰安婦問題が大きく世界中で騒がれたのは、セックススレイブと言われたように、奴隷のように扱われ、タダ働きさせられて、しかも子供たちもいたというような誤解を与えたからです。

スレイブという言葉を使うと、アメリカではみな、黒人を連想します。奴隷制度の下、黒人とは一つの階級みたいなもので、その子供たちもスレイブになりました。従軍慰安婦も同じようなものだと連想されたから、世界中が腹を立てたわけです。そして残念ながら、それが誤解であるということを日本の責任者はちゃんと説明しませんでした。それが問題をいつまでもこじらせる原因になっています。

ともあれ、兵隊になって軍隊に入っている人たちは、自分の村が貧乏になって、しかも娘たちが売られているというので憤りました。同じ頃、東北地方で大凶作が起こりました。悪いことに悪いことが重なったのです。当時は今みたいに肥料がよくなかったので、少し気温が下がるとすぐに凶作になりました。

自分の姉妹が身売りしたという兵士がたくさんいたわけではないと思います。しかし、一つの連隊に五人や十人はいたかもしれません。彼らの上官である将校たちは話を聞いて「可愛い兵たちの姉妹が身売りを強いられている」「政府が悪い」といって憤慨しました。この怒りは真っ当な正義感でもありました。

それでも軍隊は上の命令は絶対という集団ですから、上意下達は徹底されていたはずなのですが、それを乱すような事件が起きたのです。

◉海軍の条約派と艦隊派の争い

その不幸な事件は昭和五（一九三〇）年に起こりました。発端となったのはロンドン海軍軍縮会議です。日本からは若槻《わかつき》禮次郎という、のちに首相になる方が代表となり、財部彪海軍大臣、山本五十六といったよく話のわかった人たちが随行しました。そういう人たちが、会議で決められた軍縮はやむを得ないと認めたのです。

当時海軍国で問題になるのは日本とアメリカとイギリスだけでした。アメリカは豊かな国であり、イギリスは世界の四分の一を持っていました。こういう国と造船競争をしたらキリがなくなってしまうと日本の代表団はわかっていました。それは十年前のワシントン会議の時もちゃんとわかっていて、軍隊を減らすのはやむを得ないという認識でした。だから、軍縮は大正末期から昭和の初めの頃まで粛々として進んでいたのです。

陸軍でも宇垣一成という陸軍大臣の元で、二十個師団（近衛師団を含めると二十一師団）のうちの四個師団をなくしました。高田師団、岡崎師団、岡山師団、久留米師団と四つもなくしています。

これは不景気の時に軍隊の人までも出世する道を失った感じです。今はピンときませんが、昔は、例えば山形県ならば一番偉いのは民間では県知事、軍隊では連隊長でした。県知事と、大佐の位にある連隊長は、当時の人から見れば両横綱みたいな感じでした。いわんやその上の師団長というのは大変に偉いのです。それを廃しますと、出世する予定の軍人たちが出世できなくなるわけです。普通の兵隊さんなら故郷に帰ればいいのですが、陸軍幼年学校から士官学校に行って、将校になって一生軍人として出世しようと思っていた人たちは、上のポストがなくなってしまうわけですから大変です。だから、師団を減らしたことには非常な不満が渦巻いていました。

それでも、ワシントン会議の頃までは軍の統制が利いていました。ところが、ロンドン軍縮会議になると内部の不満が表面化してきました。

今から考えると、会議で決まった条約を受け入れた若槻全権代表、海軍の財部大臣や山本五十六といった人たちは正しかったことがわかります。この人たちは条約派と言われました。それに対して艦隊派という「絶対に減らしてなるものか」というグループがありました。明治以来、日本の海軍の仮想敵国はアメリカであるとして、実際に戦争するつもりはなくても、必ず一年の目標のようなものを出していました。つまり、アメリカを相手にした戦争のプランを出して、毎年、予算を取ってきたわけです。艦隊派の人たちはそれを減らされるのが非常に嫌だったのです。

それほど危機感を持つようなことだったのかと、私は今でもおかしく思います。大雑把に言って、軍縮会議で決まったのは補助艦の割合をアメリカ10、イギリス10、日本7にするという内容でした。アメリカは太平洋と大西洋がありますし、イギリスも世界中に植民地を持っています。しかし日本を見ると、日本海はロシアの海軍が解体されていましたから、守るところは太平洋だけです。それならばアメリカ、イギリスの10に対して7あれば十分で、5ぐらいでもいいのではないかと、まともな人は考えたのです。

しかし、艦隊派は絶対に減らしたくないと東郷元帥に訴えました。その訴え方がおかしくて、財部大臣が奥さん（山本権兵衛海軍大将の娘）をロンドンに連れていったところ、「そういう重要な会議に女房を連れていくとは何事だ！」と批判したのです。そんなことが批判の対象になったのです。

それを聞いた東郷さんも「それはけしからん」と言ったそうです。また、「戦争ができないなんていう考えではいかん」と言ったそうですが、それは東郷さんがそう言ったのを聞いたという人が言っているだけで、実際に公の場で言ったり書いたりしたわけではありません。東郷さんは「それはけしからんなぁ」と言っただけかもしれません。でも、東郷さんの名前でそういうことが言われたので、艦隊派は非常に元気になったのです。

◉統帥権干犯問題を政争の具にした政治家たち

すると今度は師団を潰されて非常に憤慨していた陸軍が「政府が軍縮条約に署名したのは統帥権干犯ではないか」と言い出したのです。当時の軍人は頭脳では日本のトップです。入試でもなんでも一番難しいところに行っている連中だから頭は抜群にいい。その陸軍部内の研究者の中に統帥権干犯ではないかということに気がついた人がいたのです。

統帥権干犯とは何か。明治憲法第十一条には「天皇は陸海軍を統帥する」とあります。また第十二条には「天皇は陸海軍を編制せしめ、平時の軍備せしめる」とあります。この十一条を天皇の統帥権、十二条を天皇の編制権といいました。そして、政府の判断で海軍の艦船を減らすというのは編制権を犯すものであり、その編制権は統帥権に結びつく。だから、政府が勝手に編制についての条約を結んだのは天皇の軍に対する統帥を犯すものであるという論理を陸軍内部でつくったのです。それに海軍の艦隊派が飛びついたというわけです。

海軍大臣は広い視野から、日本の国力から考えて米英と軍艦の造船競争をしてもついていけないに決まっているから抑えたほうがいいだろうと考えたのです。しかし、実際に軍艦に乗っている人たちはそう考えませんでした。軍令部長の加藤寛治さんなどは猛反対しましたし、軍令部次長の末次信正という人は「直接天皇に訴えよう」と言い出しました。

これがのちに非常に尾を引きました。アメリカとの戦争で日本の海軍が苦しくなった時、戦争の上手な末次を抜擢しようという動きがありました。しかし、昭和天皇は首を縦に振らなかったそうです。というのは、昭和天皇は軍縮に賛成だったのです。昭和天皇は視野が広い方でしたから、各方面からの情報を得て、造船競争をすれば日本はついていけなくなるので、割合を決めるのはいいことだと思っていたのです。

だから、それに反対して乱を起こした末次提督とか加藤提督に対して釈然としない思いがあり、戦争になってからもそれらの人たちが海軍の中枢を占めるのに賛成なさらなかったと聞いています。

話を戻しますと、「ロンドン会議は統帥権干犯である」という話が出ると、それが「内閣は天皇の権利を侵しているらしい」という話になってきました。当時は不景気で誰もが政治が悪いと思っているわけです。そこに、日本海海戦でロシアに勝った誇るべき海軍が米英の圧力で艦船の建造を七割に抑えられたというので「けしからん！」と憤ったのです。しかも、それは天皇の統帥権を犯しているわけですから、反発は一層強まりました。

それを軍人が言っているうちはまだよかったのです。ところが、政治家がこの問題を取り上げました。これが政党政治の悪いところです。政党政治は、いざとなると自分たちの利益しか考えなくなる。反対党を引きずり落として、自分たちの政府をつくりたくなるのです。国のことより自分の党が大事になってしまうわけです。

その時の浜口内閣は民政党です。これに対して、政友会の総務であった鳩山一郎や犬養毅といった人たちが騒ぎ出したのです。鳩山さんは議会で「統帥権干犯ではないか」という質問をしています。

それによって、この問題は世間にも伝わりました。不景気で政府に不満な人たちは、米英の圧力で日本の海軍力が抑え込まれていると知り、その条約が天皇の権利を犯して結ばれたというので、「今の内閣はけしからん」と憤りました。その結果、浜口さんはピストルで撃たれてしまうのです。

しかし、浜口さんは統帥権干犯に対して実に立派に答えています。明治憲法の天皇の権利には、軍隊に対する統帥権、軍備に対する編制権があるけれど、天皇の外交権というものもある。しかし天皇陛下自身が平和会議に出かけて行って国際条約に押印したり署名をすることはできないから、それは外務省が代わりにやって、天皇はご認可なさるだけである。それは責任内閣に委任されている。だから、軍隊の統帥権も責任内閣に委任されているはずであるという議会答弁をしたのです。

議会では浜口さんは決して負けていませんでした。負けていなかったけれど、理屈の通らない暴漢に東京駅で撃たれてしまうのです。

これが昭和五（一九三〇）年の十一月頃です。もちろん重症ですから、首相は議会には行けません。そうしたら野党は、「首相のくせにピストルで撃たれたぐらいで議会に出て来ないのは何事だ」と騒ぎました。それで翌年三月頃にようやく起き上がり、無理をして議会に行くのですが、それがもとで亡くなってしまいました。誠に気の毒なことになりました。

◉皇室打倒を掲げた共産党

この統帥権干犯問題が起こった後は、軍人が社会を改革する先頭に立つという感覚になっていきます。浜口さんは立派な仕事をしましたし、亡くなったことは惜しまれましたが、国民全体としては軍隊のほうに同情するという雰囲気でした。

同時に、けしからん政治家は殺してもいいという右翼が出てきました。当時の右翼は、左翼が革命によってロシアを潰してソビエトをつくり、五カ年計画でどんどん強くなり、不景気もないし失業者もいないらしいと聞いて刺激されていたのです。

ただ、日本の共産党はダメでした。先にも述べたように、日本共産党はコミンテルン日本支部日本共産党ですから、命令も武器も金もすべてコミンテルンから来ていました。しかし、天皇制を廃止せよという指示があったため、それまで社会主義運動を共産党とも一緒にやってきた質のよい人たちは、みな離れてしまいました。

戦前の共産党は武装共産党と言いました。警察の取り締まりが厳しいものですから昭和五、六年になると武装するようになったのです。その武装共産党の委員長が田中清玄という人です。この田中清玄のおじいさんは会津藩の家老で、会津城が落ちた時に切腹して亡くなっています。田中清玄はその孫で、東大美学科の出身です。この人が武装共産党を支持して、ピストルを撃つのです。その奥さんも警察に踏み込まれた時、警官に向かって、当たらなかったけれどピストルを撃ちました。日本の女性で警官にピストルを撃った最初にして最後の女性と言われています。

戦後になると、田中さんは右翼と呼ばれる側にいました。全体主義者ではなかったから、私の定義から言えば、右翼ではなくて保守派に近かったと思います。石油開発などに関係していたので、田中さんのところには外国からいろいろな客が来ました。まだ帰国子女が少ない時代で、通訳できる人がなかなかいませんでした。その頃、私は偶然、田中さんから頼まれて、週に一回ドイツ語を教えることになりました。私の大学は四谷、田中さんの事務所は赤坂ですから歩いてすぐでした。

何年か続けたはずですが、本当に教えたのは二回だけで、後は田中さんの話を聞かされただけでした。その話の中で、武装共産党の頃にはほとんど共産党員はいなかったと言っていました。宮本顕治とか、ああいう連中が残っていたけれど、こういう人たちは戦争の頃には網走刑務所に入っていたので、シンパはいっぱいいたけれど、泳いでいる共産党員はいなかっただろうと言っていました。党員はすべて素性がわかっていて、完全に警察の監視下にあったそうです。これは本当でしょう。

ただ、田中さんは、「あの頃は随分ひどい取り調べを受けたけれども、結局、治安維持法では誰も死刑にならなかった」と言っていました。戦後になると共産党は、戦前に物凄く活躍したようなことを言いますが、全く活躍はしていないのです。むしろ共産党から離れた社会主義者のほうが労働組合をつくったりして活動していました。

戦前の共産党員は数が少なく、徹底的に把握されて身動きがとれなかったのです。モスクワは日本共産党に愛想をつかして、ベルリンにヴュルテンベルクコネクションをつくりました。これが共産党のシンパをつくる中心になりました。戦前のベルリンは学問的には一番高く、芸術的にも一番新しい運動が起こっていました。日本からも芸術家や学者が多数行っていました。それを片っ端からシンパにしたのです。

ですから、その頃には社会主義的な雰囲気が日本のインテリ階級に染みわたっていました。それが共産党と手を結んだ運動になりそうでならなかったのは、コミンテルンから来た「皇室をなくせ」という指令があったためです。戦前の日本人にそんなことを言っても、まともな人間ならついて行くわけはなかったのです。

◉皇室を掲げる共産主義

次に、天皇だけは担いで他のプログラムは共産党と同じにすればいいと考える人たちが出てきました。これが戦前右翼です。戦前右翼というのは、皇室を掲げる共産主義者と言ってもいいでしょう。彼らの一番理論的な中心となったのは大川周明という人です。この人は私の田舎の鶴岡の出身で、おじいさんは大川周賢という優れた医者でした。鶴岡に行くと〝しゅうけん町〟という町があります。ここは大川周明のおじいさんが病院を開業していた町です。そこに私の家の菩提寺がありますので、しゅうけん町にはよく行きました。

この大川周明のつくったプログラムを見ますと、社会政策はほとんど共産党と同じです。ただ違うのは、皇室を奉り上げているということです。

北一輝《いっき》も同じです。北一輝は『国体論及び純正社会主義』という本で、自分は純正社会主義だと言っています。簡単な図式で考えますと、天皇と普通の自分たちの間には何も境はいらないということです。重臣も、男爵・子爵・伯爵といった華族もいらない。戦前の日本の母体だった地主もいらない。工場なら経営者はいらないし、軍隊なら大将や元帥はいらない。要するに、自分たちと天皇があるだけでいいという図式なのです。そして具体的にやることは共産主義とほとんど違わない社会政策です。それが戦前の右翼の発想でした。

しかし、そんな観念的な思想がすぐに通用するわけはありません。だから何をやったかというと、暗殺です。例えば、井上日召《にっしょう》という人は一人一殺を唱えました。一人で一人を殺す。実際、井上日召と行動を共にしていたメンバーが昭和七（一九三二）年に大蔵大臣の井上準之助を殺し、団琢磨という三井合弁会社のトップを殺しました。

軍隊のほうも、政府は統帥権干犯をしているからといって尊敬しない。尊敬しない口実ができたわけです。それで桜会という結社をつくり、昭和六（一九三一）年に三月事件とか十月事件といったクーデターを計画しますが、これは直前に発覚して未遂に終わります。戦後、治安維持法は左翼を抑えるための法律だと思われていますが、つくった動機の一番は右翼対策でした。要人が暗殺されるのを防ぐために、治安維持法で事前に捕縛したのです。そのため暴発する前に抑えることができたわけです。

ところが、あまりに捕まるものだから、一人一殺でやろうと言ったのが井上日召で、それによって井上蔵相や団琢磨が殺されてしまったのです。

◉政治不信が招いた五・一五事件

しかし、遂に事件が起こりました。昭和七（一九三二）年五月十五日の五・一五事件です。海軍の青年将校たちが首相官邸に乱入して犬養毅首相を殺してしまうのです。これは非常に大きな事件でした。犬養さんは気の毒でしたが、責任は犬養さんにもあります。なぜなら統帥権干犯を政治問題にしたのは、犬養さんや鳩山さんたちですから。自分たちが天に唾することをやったとも言えます。

犬養さん自身は立派な人ですし、書も立派です。しかし、政党人としては政府を潰すために統帥権干犯という毒薬を振り回したという責任があります。その結末として、自分が首相になったら、五・一五事件で殺されてしまうのです。

その五・一五事件に参加した海軍中尉の三上卓がつくった「日本青年の歌」が当時非常に流行りました。〝汨羅《べきら》の淵に波騒ぎ／巫山《ふざん》の雲は乱れ飛ぶ／混濁の世に我立てば／義憤に燃えて血潮湧く〟というような歌詞で始まって十番まであるのですが、二番の歌詞にこうあります。〝権門上《けんもんかみ》に傲《おご》れども／国を憂うる誠なし／財閥富を誇れども／社稷《しゃしょく》を思う心なし〟という歌です。権門というのは貴族階級などの上流階級、社稷とは国のことです。

不景気というのはいかに政府を不人気にしたことでしょうか。五・一五事件では首相が殺されたというのに、青年士官たちを救え、という運動が起こりました。裁判所に何万という助命嘆願書が積まれたといいます。そして、その圧力に裁判所は屈しました。首謀者の三上卓は禁固十五年です。今は懲役十五年というと自動車事故でもありますが、当時は一般に罪が重かった時代です。それなのに、首相を殺してたった十五年なのです。しかも、恩赦によってわずか五年で仮釈放されています。

これが二・二六事件に繋がるのです。「なんだ、国民は首相を殺した人を支持しているじゃないか」と。

もう一つ注目すべき現象は、理由はわかりませんが一人一殺を実行した人たちはすべて日蓮宗の信者なのです。五・一五事件の首謀者もすべて日蓮宗ですし、二・二六事件のリーダーも日蓮宗です。なぜ日蓮宗だと殺すのか、私にはわかりません。

大井篤という私の中学の先輩にあたる海軍の大佐だった人がいます。護衛艦隊の中心になった人ですが、戦後、対談した時に、「この前の戦争はみんな日蓮宗がやったんだよ」と大雑把なことを言っていました。あの満洲国をつくった石原莞爾《いしわらかんじ》もごりごりの日蓮宗です。だから、あの頃の右翼の思想とは日蓮宗だったのです。その日蓮宗がどうして社会主義と結びついたのか、どうして人を殺していいという思想になったのか、これは関係者から直接説明を聞かないと本当のところはわかりません、しかし、現象としてはそういうことがあったのです。

◉二・二六事件は青年将校の起こした下剋上だった

そのうち「政府の言うことは聞く必要はない」「幣原外務大臣は英米と仲良くしなければいけないと言っているが、日本の移民はアメリカに根絶やしされそうな状況じゃないか」「イギリスは日英同盟を廃棄して、日本の軍艦も減らそうとしているじゃないか」といった声が高まって、社会秩序が崩れていきます。その不満の底には大量失業、不景気という現実がありました。

そして悪いことには、青年将校には野心があったのです。五・一五事件のモットーは「昭和維新」という言葉でした。「昭和維新の志士として」という歌があります。昭和維新の志士とは何かといえば、明治維新の志士みたいに偉い奴らをひっくり返して自分たちが偉くなって政権を握るということです。つまり、下剋上《げこくじょう》です。

下剋上は何も戦国時代だけの話ではないのです。明治時代もある意味では下剋上でした。ただ、明治の下剋上は〝結果論として下剋上になった〟のです。維新の志士たちは自分たちが偉くなるために幕府を潰したというより、潰さなければならないと思って幕府を潰したら自分たちが偉くなったのです。それは結果論としてそうだったように思います。ところが昭和のほうは、明らかに自分たちが偉くなることを目的としていたのです。革命思想を持つ人は、みな同じです。革命を起こして自分たちが偉くなろうとしているのです。

戦後でも、社会党や共産党はアメリカ軍が日本からいなくなり、代わりにソ連に来てもらうことを望んでいました。社会党のブレーンの中心だった九州帝国大学の向坂《さきさか》逸郎先生の書いたものを読むと、なんでもアメリカは悪い、ソ連のほうがいいと言っていました。それはなぜかというと、ソ連が来れば内閣とか大臣とか経営者とかは全部放り出されて、自分たちが政権を取ることができるからです。ただ、それだけです。下剋上が目的なのです。

だから、明治と昭和の違うところは、結果論としての下剋上か、目的としての下克上かなのだと思います。昭和のほうは目的としての下剋上だったのです。だから、それがだんだん激しくなると、二・二六事件のようになる。抑えがきかないということは、軍隊のような組織では実に怖いことです。昔なら大将も刀を持っているし、家老も刀を持っていましたが、近代の軍隊では上のほうは何も持っていないのです。機関銃や鉄砲を持っているのは一番下のほうです。だから、これが下剋上に結びつくと怖いのです。それが、暴発したのが二・二六事件です。

二・二六事件のリーダーたちは社会正義に燃えていました。だから、頭にあるプランがコミンテルンと同じか否かは関係なかったのです。そのあたりは天皇への忠義で誤魔化している感じがします。とにかく偉い奴を殺してしまえばいい、そして自分たちの好きな人を首相にするという発想です。自分たちがすぐに偉くなれるとは思わないけれど、上にいる偉い奴らを殺して自分たちの面倒を見てくれている大将を担げば、自分たちも偉くなれると考えたわけです。

注目すべきは、青年将校たちが兵隊を握っていたということです。立派な将校は指導力もあって兵隊を可愛がりましたから、人気のある人が多かったのです。しかし、彼らは全員、陸軍大学までは行けませんでした。これもフラストレーションだったでしょう。だから、陸軍大学を出て出世している参謀や司令官を追い出したいという気持ちがあったのではないかとも思います。

◉二・二六事件最大の痛恨事

二・二六事件は英米と結びつく重要な人たちを殺すことが大体の目的だったようです。斎藤実《まこと》という元首相は海軍大将ですけれど、アメリカ大使とは腹を割って話ができる人でした。二・二六事件で殺される前、斎藤夫妻はアメリカのグルー大使と一緒に食事をしているのです。渡辺錠太郎という教育総監は、いわゆる下剋上派を統制する統制派の軍人でした。

何と言っても惜しいのは高橋是清《これきよ》です。この人は五・一五事件などが起こっていた時期にもかかわらず、大蔵大臣として軍備を増やすことを抑えようとしました。また、日露戦争の前には一人でロンドンに行って、戦争に使うお金を借りてきました。当時、日本にお金を貸してくれる国はイギリスしかなかったのです。フランスとドイツはロシアに金を貸していましたし、アメリカはまだ資本輸入国でした。

そこで高橋是清はイギリスに行って、どうしても一千万ポンドが必要だと訴えました。イギリスの銀行家たちは好意的でしたが、どうしても五百万ポンドしか集まらない。その時にパーティーでたまたま隣の席に座ったシフというユダヤ人と意気投合しました。この人はアメリカにいるユダヤ人の会長みたいな男でした。当時のロシアはユダヤ人を迫害していて、オデッサでユダヤ人の大量虐殺事件を起こしていました。だから、「日本がロシアと戦うなら私が金を集めてやろう」と、足りないお金を集めてくれたのです。だから、高橋是清とユダヤ人のパイプは物凄く強かったはずです。

ところが、高橋是清は殺されてしまいました。極端なことを言う人は、高橋是清を狙わせたのは二・二六事件を起こした青年将校の間にコミンテルンの手が伸びて、命令されたからではないかと言っています。そのために殺害予定者の名前の中に高橋是清を入れさせたのではないかと。コミンテルンは日本を一番締め上げるのは石油問題であると知っていて、石油の権利を握っている大会社を支配しているのは圧倒的にユダヤ人が多い。だから、ユダヤ人と親しい高橋是清は殺しておかなければいけないと考えたというわけです。

この説が本当かどうかは確かめようもないのですが、高橋是清が殺されたために石油問題が起こった時にアメリカと交渉する役者がいなくなったことは事実です。

◉天皇のある一言で終息に向かった二・二六事件

二・二六事件が起きると、青年将校に好意的だった日本人もブルってしまいました。五・一五事件と違って、今度は二千数百人の兵隊が動いて殺したわけです。狙われた人たちは海軍の人が多かったため、海軍は怒って軍艦を東京湾に入れ、革命軍が立て籠もったところを攻撃する構えを見せました。内乱寸前だったのです。

下剋上というのは恐ろしいもので、軍の上層部にいた人でそれを止めようとした人は誰もいなかったのです。二・二六事件を見ますと、軍の幹部たちはなんてだらしないのかと思います。右往左往するばかりで、初めのうちはむしろ革命軍にゴマを檑《す》るようなことを言っていたほどです。「お前たちのやっていることは、天皇の耳に到達しつつある」とか「天朝に達せられつつあり」などと言って慰めたりしているのです。この時はっきり革命軍を潰さなければダメだと言ったのが、参謀本部にいた石原莞爾です。しかし石原莞爾も当時はまだ位が下で、大した影響力はなかったのです。

ところが、その時に昭和天皇が「彼らは反乱軍である」と言われました。反乱軍という言葉に軍人たちは雷が落ちた如く反応しました。反乱軍だった、ああそうかと。

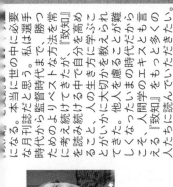

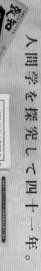

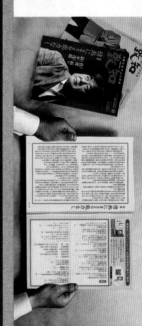

では、なぜ天皇陛下は明確に反乱軍だと言ったのでしょう。非常に重要なことは、練習以外で鉄砲を撃つ時は、平時編制から戦時編制に切り替える必要があるということです。そうでなければ実弾を撃ってはいけないのですが、二・二六事件では実際に鉄砲を撃っていました。ここに問題があったのです。平時編制から戦時編制への切り替えの許可は、天皇にしかできないのです。もちろん天皇陛下はそんな命令をしていないのだから、これは反乱軍であると非常に明快に言われたわけです。

天皇が反乱軍と言われたことによって、急転直下、事件は解決に向かいました。それまではどうなるか全然わからなかったのが、天皇の言葉が伝わると春先の淡雪の如く、ふわっと消えてしまったのです。

私は今でも、昭和天皇があいう発言をもっといろいろな時にできたらよかったのにと残念に思います。それができなかった一因は、張作霖爆死事件にあります。先にお話ししたように、田中義一首相の報告が二転三転したため、天皇陛下は不信感を抱きました。「お前の言うことは要領を得ない。あてにならない」と言われた田中首相は、天皇の信頼を失ったことに落胆し、首相を辞し、わずか三か月後に死んでしまうのです。それを見て、西園寺《さいおんじ》公望《きんもち》などの維新の元勲たちが「日本の憲法では、天皇はそういうことに口を出さないほうがよろしい」と諫《いさ》めました。これは本当に注意の気持ちから進言したのですが、若い天皇は「そういうものか」と考えて、それ以降言いたいことも言わなくなったのです。

ところが、二・二六事件の時は、岡田啓介首相が殺されたという話が伝わってきました。実際は、義理の弟さんが間違って殺されて、岡田首相は女中部屋に隠れていて助かったのですが、その段階ではわかりませんでした。そのため、内閣が尋常に機能しない状況であると判断された天皇は、自ら「反乱軍である」ということをはっきり申されたのだと思います。

昭和天皇がはっきり自分のご意見を述べられたのは、この時と終戦の時の二回だけです。終戦の時は、ポツダム宣言を受け入れて戦争を終結させるか、拒否して戦争を続行するかで鈴木貫太郎内閣の閣僚の意見が五対五に割れてしまいました。この場合、本来ならば鈴木首相が決めるべきだったのですが、鈴木さんは「我々には決めかねます」と言って、天皇の意見を求めたのです。責任内閣が責任を放り出したわけです。そこで天皇は「私は外務大臣の意見に賛成である」と言われ、この一言でポツダム宣言を受諾することが決まったのです。

振り返って考えれば、その前にも天皇が意見をおっしゃってくれればという機会は何度かありました。それは後の祭りで、残念な話です。

天皇が反乱軍であると断じたこともあり、二・二六事件の時は、さすがに国民も同情しませんでした。結局、首謀者十七人ぐらいが死刑になりました。

◉総理大臣が存在しない明治憲法

二・二六事件で岡田内閣が総辞職した後、外交官出身の広田弘毅《こうき》が首相になりました。広田さんは十分な愛国心を持っていましたが、二・二六事件を起こした軍の圧力には対抗できませんでした。というのは、新しい内閣ができた時に吉田茂や下村宏といった人たちを内閣に入れようとしたところ、陸軍大臣に就任予定の寺内寿一さんが「こんな自由主義者を入れるのは賛成できない」と口出しを始めたのです。それに広田首相は妥協してしまいました。

さらに陸軍の圧力がありました。それまで陸海軍の大臣は現役でなくてもかまわないことになっていましたが、これからは現役の大将か中将を大臣にしてくれと圧力をかけてきたのです。結局、広田さんはそれを呑まされてしまい、日露戦争以前にあった軍部大臣現役武官制が復活することになりました。これが致命的になりました。

実はこの話は遠く明治憲法の頃から引っ掛かる大問題でした。明治の頃には、日本は整然とやってきた感じです。ところが昭和に入って統帥権干犯問題が起こると、総理大臣の重みがどんどん失われていくのです。

私は統帥権干犯問題に興味があり、いろいろ調べてみるうちに、明治憲法には総理大臣がないということに気づきました。明治十八（一八八五）年に太政官制がなくなって内閣制度が生まれます。初代総理大臣には伊藤博文がなりました。ところが、明治二十二年に発布された明治憲法を見ると、総理大臣について何も書かれていないのです。この理由が私にはわかりませんでした。

どうも明治維新の元勲たちは、幕府みたいなものができることを恐れたようです。首相が誰でも抑えられるような地位になれば、それは征夷大将軍みたいなものだから避けなければならないと思ったようなのです。

◉憲法をつくる時、伊藤博文が手本としたもの

伊藤博文が憲法をつくる時に手本にしたのは、ルドルフ・フォン・グナイストというベルリン大学の法学者の意見でした。明治憲法は、グナイストがベルリンで伊藤博

文に講義した講義録に重要なところがそっくりなのです。

憲法をつくるため、伊藤博文は憲法調査の目的で外国に出されました。ところが、一番手本にしたいイギリスには成文憲法がありません。フランスは共和国で参考にならない。アメリカも共和国なので参考にはならない。伊藤博文はだんだん憂鬱になって、どうしたらいいものか悩みながらオーストリアに行きました。

当時のオーストリアはハプスブルク家が統治していました。そこに行くとウィーン大学のローレンツ・フォン・シュタインという教授がドイツの憲法が参考になるのではないかと教えてくれました。それを聞いた伊藤博文は非常に喜び、勇んでドイツに行くわけです。

ドイツはビスマルクの最盛期です。日本から来た伊藤博文に対しても親切で、話を聞いて「ベルリン大学にグナイストという男がいるから、この人に相談しなさい」と紹介してくれました。グナイストはもともと官僚だった人ですが、ローマ法から始めてイギリスの法律を研究して『イギリス憲政史』という本を書きました。

イギリス人というのは変な国民で、グナイストが『イギリス憲法史』を書くまで法律の通史がありませんでした。イギリスは議会が初めてできた国ですし、憲法的な考え方も一番早く思想として出しましたが、その歴史をまとめた本がなかったのです。

同じようなことが他にもあります。私はイギリスの英文法がどうしてできて、どうやって発達したかを研究しました。しかし、イギリスには英文法の歴史について書いた本は一冊もありませんでしたし、論文すらありませんでした。それからイギリス史も、十八世紀中頃にデイヴィッド・ヒュームという哲学者が『英国史』という本を書くまで、フランス人が書いたものしかありませんでした。自国のことなのにほったらかしという随分のんきな国なのです。

伊藤博文はグナイストの下で勉強しました。グナイストは伊藤の話を聞いて「ドイツの法律は参考にならないだろう」と言います。ドイツ帝国はプロシアとナポレオン三世のフランスが戦った普仏戦争の後にできました。そして、ドイツ帝国の中にはバイエルンの王国とかヘッセンの王国とか、多くの王国が入っています。ところが日本には一人の皇帝しかいない。それならばドイツ帝国憲法ではなく、ドイツ帝国の前のベルリン王を中心としたプロシアの憲法のほうが参考になるだろうと言うのです。プロシア憲法はプロシア国王の憲法ですから日本と状況が似ているというわけです。

そして、グナイストは伊藤博文にプロシア憲法の逐条講義をします。そのときの原稿も残っていますが、不思議なことに機密文書になっていました。世界中の人は、明治憲法はプロシア憲法の重要なところをすっぽり取っていることを知っていたのですが、なぜか日本の中では秘密文書にされていました。

伊藤博文が憲法をつくるまでのプロセスを記した文書は、伊藤博文の秘書であった伊東巳代治《みよじ》の書斎に保管されていました。伊藤巳代治が亡くなって書庫が開かれ、その文書が出版されたのが昭和十四、五年です。もう支那事変が始まっていましたから、それは即絶版になりました。私はそれを入手して明治憲法と比べてみました。すると、一言一句、プロシア憲法にそっくりなのです。

それゆえ、プロシア憲法の欠陥も明治憲法に引き継がれているのです。それは国王が絶対であって、首相の権限は大したことがないということです。

第一次大戦の頃も、ドイツの戦争を指揮しているのはカイザー・ヴィルヘルム二世だということは誰もが知っていました。ドイツの参謀総長も知られていましたが、首相が誰だったかは話にも出ません。そういう体制だったのです。

伊藤博文はそこにヒントを得て、首相をつくると江戸幕府のようになるかもしれないと考え、総理大臣の権限を憲法の中に定めなかったのです。明治憲法では、総理大臣を含めて大臣はすべて国務大臣で、天皇から「誰か適当な人を選べ」と言われた時に選ぶのが総理大臣の役割だったのです。

◉軍隊を横暴にした明治憲法の欠陥

この首相の権限が定義されていないところを軍人が突いてきました。それでも明治の頃の人はまだ賢明で、軍部大臣（陸軍大臣と海軍大臣）は現役軍人でなくてもいいということにしたのです。ところが、山縣有朋は軍隊の予算などを決める時には絶対に現役の軍人を内閣に入れておいたほうがいいと気づきました。そこから軍部大臣現役武官制というものが生まれることになりました。

ただ、それは正式な文章として書かれているわけではありません。陸軍省兵員表という表の注に「陸軍大臣は現役の大将及び中将とする」と解説のように書いてあります。正式な文章ではなく、欄外に書いてあるのです。しかし、この注記がその後、威力を振るうことになりました。軍が大臣を出さないと組閣ができないことになってしまったのです。

大正の初めの頃、西園寺さんが総理の時に上原勇作という日露戦争で手柄を立てた大将が陸軍大臣になりました。この人が「どうしても二個師団増やしてくれ」とごねました。しかし、日露戦争の借金を払わなければならないし、とても増やせる状況ではありません。すると上原勇作はいきなり天皇に「二個師団増やしてください」と訴えました。内閣の中で首相と話し合って「君、辞めてくれよ」「じゃあ、辞めましょうか」となれば首相は後任の大臣を選べばいいわけですが、全員が国務大臣で同格という憲法ですから、「この内閣が気に食わない」といって天皇に訴えられると、内閣不一致で総辞職しなければならないのです。それで西園寺内閣は総辞職することになりました。

これを見てさすがの山縣有朋も、「こんなことがあったら困る」と妥協的になってきました。その時に木越《きごし》安綱という長州閥の秘蔵っ子が陸軍大臣になって、現役の陸海軍将校でなくても大臣になることができるようにしたのです。これで軍部大臣現役武官制は中止されました。

この木越さんは軍部大臣現役武官制をやめさせたことで陸軍に憎まれて、陸軍の中では出世できませんでした。軍内の位は陸軍の人たちが決めますから、「大臣の時に余計なことをした」という理由で偉くなれなかったのです。一方、天皇に直訴して西園寺内閣を潰した上原勇作は陸軍大将元帥、陸軍大臣参謀総長、最後には子爵までもらっています。木越さんは大将にもなれませんでしたが、のちに大したことをやったと再評価されて貴族院議員になり、男爵の位をもらっています。

その木越さんが山本権兵衛内閣の陸軍大臣の時に、陸海軍大臣は現役武官でなくてもいいとしたわけです。ところが、井上日召の事件や三月事件、十月事件といったごたごたがあり、五・一五事件、二・二六事件が起こると、広田首相は陸軍の圧力に負けて、軍部大臣現役武官制を復活させてしまうのです。ますます現役でない人が陸軍大臣、海軍大臣になることが必要な時に、その逆を行ってしまったわけです。

広田さんは東京裁判でA級戦犯にされ、死刑になりました。死刑になった理由は南京大虐殺と称するものを効果的に止めなかったというのですが、むしろ軍部大臣現役武官制を決めたことのほうが罪は大きいと思います。そのため、その後の日本は軍が納得しないと動かなくなるのです。

広田さんが総理大臣を辞めると、宇垣一成《かずしげ》大将に大命降下、つまり組閣の命令が下ります。宇垣さんは良識ある人でした。二・二六事件の後で軍隊が何をやるかわからないという恐怖感があった時に、かつて陸軍の四個師団を減らした宇垣さんなら陸軍を抑えてくれるのではないかと期待されたのです。

しかし、陸軍の将校が宇垣さんのところに押しかけて「宇垣さん、陸軍は陸軍大臣を出しませんよ」と言いました。現役武官以外は大臣になれないわけですから、陸軍が大臣を出さないと言えば組閣はできません。それで宇垣さんは天皇に「組閣できません」と言って、首相になり組閣することを辞退したのです。

その時の宇垣さんの顔写真が昭和十一、二年頃の『キング』に出ていました。宇垣さんが頭に手をやって汗を拭いているような写真でしたが、それは軍隊がいかに横暴になったかを示す証拠みたいなものです。

我々が中学の時に暗記させられた軍人勅諭には「軍は政治に関わらず」とちゃんと書いてありました。しかし、これほど政治に関わることはありません。西園寺さんが推薦して天皇が首相になる人を任命するというのが当時の風習でしたが、陸軍は天皇の大命が下った宇垣さんに「あなたが組閣をするなら陸軍からは大臣を出さない」と脅したのです。これほど軍人勅諭を無視した話はないのですが、当時はそれを言えないほど二・二六事件の恐怖感が広まっていたのです。その後の日本は、すべて二・二六事件の恐怖感で動いていたと言ってもいいと思います。

◉日独伊三国同盟を結びたがった陸軍と反対した海軍

後年、二・二六事件の将校は立派だったと言われるようになりますが、日本を滅ぼしたのはあの人たちです。陸軍は「日独伊三国同盟をやりたい」と言いました。当時、陸軍は満洲の国境線をめぐってソ連と対峙《たいじ》し、張鼓峰事件とかノモンハン事件などの戦闘が勃発していました。これらの戦いで日本が勝っていたことが最近ではわかってきましたが、スターリンはろくな発表をしませんからどのぐらい敵に打撃を与えたかわからなかったのです。逆に、ノモンハンでは一個師団がほとんど壊滅したため、自分たちの被害のほうがひどかったのではないかと思っていたのです。

ところが、ドイツを見ると、あっという間にパリを落とし、ノルウェーを落とし、ポーランドを取るというように、無人の野をゆくが如き様子でした。フランス・イギリスの連合軍を追い落とす時の勢いなどは信じられないぐらいでした。しかも、ドイツには強力な戦車部隊がありました。陸軍としてはそういう強い国と同盟して、後ろからソ連を抑えたい。陸軍はソ連しか頭にありませんから三国同盟をやりたいと言ったのです。

ところが、海軍は三国同盟といってもドイツもイタリアもろくに海軍もないのにどうするんだと反対しました。米英両国と日本の海軍の軍艦比率は20対7です。大砲の数とか船のトン数その他を数学的に考えなければ軍艦は動かせません。だから海軍のほうは戦力を数字的にきっちり見ていました。そうすると、ろくに海軍もないドイツやイタリアと同盟する意味がない。石油は米英が握っていて、しかも20対7の戦力差がある中で戦わなければならないわけです。そんな馬鹿な話は承諾できない。これは正論です。

その時、海軍の米内光政《よないみつまさ》さんが首相になりました。米内さんは三国同盟に反対です。これで三国同盟が止まっていれば、イギリスやアメリカといくらでも話がついたはずです。ヒトラーはユダヤ人迫害をやって世界中のユダヤ人から敵視されていました。もし日本がドイツと三国同盟を結べばユダヤ人が敵に回ります。そうすると石油も来なくなるのです。

米内さんは内閣をつくって三国同盟に反対しました。すると陸軍大臣にした畑俊六大将が「三国同盟を結ばないのなら、私は辞めさせてもらいます」と言って辞めてしまいました。畑さんはそんなことは言いたくなかったらしいのですが、青年将校たちから突き上げられたのです。

これで米内内閣は潰れました。こうなると、後は陸軍の人が総理になって組閣するしかないという話になりますが、現実には貴族にして軍の受けもよかった近衛文麿さんが首相になりました。すると今度はアメリカが圧力を強めてきました。近衛さんも戦争はしたくないわけですが、アメリカの要求に応えてシナ大陸で勝ち誇っている日本軍を引き揚げさせる決断は下せなかったのです。

◉戦争回避に一縷の望みを託して誕生した東條内閣

結局、第二次近衛内閣は総辞職することになります。次の首相を誰にしようかとなった時、近衛さんは、現状を打開するには陸軍を抑えるしかないと考えました。

近衛さんが辞める昭和十六（一九四一）年九月六日に御前会議が開かれました。この時の会議で、アメリカからの圧力があまりにもひどいため、このまま行けば英米との開戦もやむなしということが決められました。御前会議とは天皇がご臨席される会議ということですが、これは非常に誤解されやすい言葉です。御前会議といっても天皇陛下が発言されるわけではないのです。御前会議が開かれたのには次のような理由がありました。

支那事変以来、軍部が勝手に戦争を始め、方針が統一できませんでした。そこで大本営政府連絡会議というものが何度も開かれました。この会議は、首相・外務大臣・大蔵大臣・海軍大臣・陸軍大臣の五人が集まって話すものですが、連絡会議ですから連絡し合うだけで、決定は何もできません。ただ、この五人が全員、「いいでしょう」と言えば、それで決定となっていました。

ところが、戦争をするかしないかといった重大な決定を「連絡会議で決めました」と言っても、「なんで連絡しているだけなのにそんな決定ができるのか」という話になります。だから、そういう重大な連絡会議には天皇陛下にご臨席いただくことにしたのです。天皇陛下は何も発言はなさらないのですが、会議におられたということで「御前会議で決まりました」と言うとその決定が錦の御旗の如くなるという変な慣例をつくってしまったのです。

そんな御前会議で、このままいくならば米英と戦争することも辞さずということが決まったわけです。これがある限り、戦争に突入するしかない。それで第三次近衛内閣は総辞職することになったわけです。

この第三次近衛内閣の陸軍大臣は東條英機でした。東條さんは内閣が潰れた時、御前会議の決定がある以上は誰が次の総理になっても覆すことはできない。取り消すことができるのは皇族であると考えて、東久迩宮稔彦《ひがしくにのみやなるひこ》という宮様を総理に推していました。この方は陸軍将校で陸軍の受けもよかったので適任だと思っていたのです。

ところが、天皇側近の木戸幸一内大臣が「首相は東條でいいじゃないか」と言い始めました。「どんなに妥協してアメリカと平和の話を進めても、東條ならば二・二六事件みたいなものを起こさないだけの統制力がある」というのがその理由です。

東條さんは、二・二六事件の時に関係者を満洲で徹底的に取り締まっています。実に見事な手際でした。東條さんは憲兵司令官でしたから、憲兵的な網の目を持った東條がいれば、二度とああいう事件は起こらないだろうと信頼されていたのです。重臣たちは二・二六事件で大臣が殺されているのを見ていますから軍人を恐れていました。だから、再び二・二六事件を起こさないで済む人として東條さんを推したのです。

木戸幸一内大臣が天皇陛下に、「東條に大命降下をお願いします」と言った時、昭和天皇は「虎穴に入らずんば虎子を得ずということかな」と言ったと伝えられています。天皇陛下も二・二六事件はこりごりだという感じがあって、陸軍を抑えられる人間として東條を首相にするというのは良い選択だと考えられたようです。

東條さんは自分が首相になるとは夢にも思っていませんでした。呼ばれて参内したらいきなり首相になれと言われ、さらに昭和天皇からは「九月六日の御前会議の決定は白紙に戻してもいいから、ぜひアメリカと平和の交渉を続けろ」と言われました。東條さんにはいろいろな欠陥がありますが、純粋に忠義な人だったようです。陸軍省に帰ってきた東條さんは「大御心は平和にあらせられるぞ」と怒鳴って歩いたと言われています。

しかし、時すでに遅かったのです。アメリカは日本と戦争をすることを決めていたので、もう何をしても手遅れだったのです。

◉あまりにも無責任だった近衛文麿首相

私は近衛首相の責任が大きかったと思います。なぜならば、支那事変が始まったのが第一次近衛内閣、三国同盟を結んだ時が第二次近衛内閣、仏領インドシナに進駐した時が第三次近衛内閣なのです。つまり、近衛内閣の時に戦争のもとになるようなことをすべて決めた、あるいは決めさせられたわけです。それに対して近衛さんは内閣を放り出すことしかできませんでした。これはあまりにも無責任だったと思うのです。

近衛さんが昭和二十（一九四五）年、硫黄島にアメリカ軍が上陸した二日後か三日後に、天皇陛下に近衛上奏文というものを書いて上げています。この作成には吉田茂も関わったと言われていますが、そこに非常に面白いことが書いてあります。

簡単に言うと、自分が振り返ってみると右翼といっても左翼といっても同じものである、右翼と称するのは天皇を担ぐ共産主義者であると書いているのです。軍人の中にも共産主義者はいます。これは天皇を担ぐ共産主義者です。それから高級官僚の中にも共産主義者が入り込んでいるというようなことも書いています。

上奏するには時期が遅すぎたのですが、あの近衛さんが昭和二十年になってから天皇にそう書かなければならないほど、共産主義思想は左翼のみならず右翼の中にも入り込んでいたということです。近衛上奏文の中には「こんなことにもっと早く気づかなかったのは誠に畏れ多いことである」と天皇に謝罪していますが、もっともな話です。

第四章

日米開戦——我ら日本かく戦えり

◉「太平洋戦争」と呼ばれる理由

大東亜戦争という言い方は日本政府が正式に決めたものですが、この頃は太平洋戦争という言い方が多く使われます。なぜかというと、アメリカが日本を占領していた昭和二十一（一九四六）年初め頃に幣原内閣に対して「この戦争は太平洋戦争と呼べ。大東亜戦争とか大東亜という言葉を使ってはいけない」と命じたからです。

日本は太平洋だけで戦ったわけではありません。シナをはじめビルマ、インド、マレーなど大陸でも戦っていますし、インド洋で海戦もやっています。大東亜といえばインドまで戦場に入りますし、むしろ戦争の目的は大東亜解放だったのです。だから、まさに大東亜戦争だったわけです。

しかしアメリカが日本と戦ったのは太平洋だけなので、太平洋戦争と呼ぶように命じたのです。ようするに、太平洋戦争という言い方はアメリカの一方的な命令です。

ところが岩波書店の『広辞苑　第七版』を見ると、「太平洋戦争」については四センチ四方ぐらいで説明が書いてありますが、「大東亜戦争」の項には「太平洋戦争の日本側での当時の公称」としか書いていません。日本の代表的な事典でも、日本政府の名づけた名称ではなく、進駐軍の命令を優先しているのです。このあたりが戦後の主なジャーナリズムに支配的な考えだったと思います。

ただ、最近は大変たくさんの機密資料が情報公開によって出てきました。機密資料というのは非常に面白い性格があります。例えば、アメリカが水爆を開発すると、間もなくソ連でも開発されるようになりました。それはなぜかというと、水爆の開発に関係したローゼンバーグ夫妻というユダヤ人学者が機密をソ連に売り渡していたと言われています。ローゼンバーグ夫妻はスパイ容疑で逮捕され、裁判で死刑になりました。ところが裁判に出された証拠があやふやで、あれはいい加減な裁判だったという噂がありました。ローゼンバーグ夫妻が獄中から子供に書いた手紙が翻訳されて、日本でもベストセラーになりました。

しかし、ソ連が解体すると、アメリカ政府がソ連に関する秘密文書を明らかにしました。それらはアメリカ陸軍の特別な暗号解読部が戦時中にソ連の秘密暗号を解読したものです。その暗号解読で、ローゼンバーグ夫妻が軍事機密をソ連に渡していたことは明らかになっていたのですが、解読していることをソ連に知られるわけにはいかないので、裁判には証拠として出せなかったのです。

また、前に話しましたが、マッカーシーというアメリカ共和党の上院議員が国務省には何百人かのスパイおよびその周辺人物がいると告発して、マッカーシー旋風と言われました。マッカーシーは具体的な証拠を出すことができなかったため失脚しましたが、今ではマッカーシーが言ったことには全部しかるべき証拠があったことがわかっています。当時はそれを出せなかったのです。

機密というのはそういうものです。有名な話ですが、イギリスはドイツの暗号を解読する機械をつくっていました。しかし、それをドイツに知られてはいけない。だから、ある晩、コベントリーという人口十万人ぐらいの工業都市が爆撃されるとわかっていながらチャーチルは警告を発しませんでした。その街は爆撃されてしまうのですが、チャーチルはドイツ側に暗号を解読していることを絶対に知られたくなかったのです。

このようなわけで、どこの国でも解読した内容を隠したのです。それがソ連解体後に出てきました。それによって歴史の本に書かれた内容が全く変わってくることもあります。これは歴史を学ぶ上で注意する必要があります。

◉日本はなぜ九か国条約を破棄したのか

今回はまず、ここまでの日本とアメリカの関係についておさらいをしておきます。日米の関係がおかしくなった最初は、日露戦争で日本の海軍が勝ちすぎたことです。陸上で勝つのは大したことではないのですが、海軍で勝つというのは文明で勝つということですから、アメリカには物凄い恐怖感があったのです。だから、それまで親日一本だったセオドア・ルーズベルトも日本に威厳を示すために艦隊を送ってきたりしたのです。ところが日本人はお人好しで、日米友好だと大歓迎しているのです。

しかし、アメリカは日露戦争後、オレンジ計画という日本向けの政策を立てていたのです。対日本だけではなくて各国に向けて立てたと言っていますが、日本にあてて立てた政策は改定に改定を加えています。大正の頃になると、日本の家屋は木と紙でできているから焼夷弾爆撃をやると効果的だというような具体策まで出ています。

アメリカの敵意がより露わになってきたのは、第一次大戦後に圧力をかけて日英同盟を解消させたことです。イギリスは日英同盟で何も損をしていません。日英同盟があれば、自国の兵隊を使わず日本の力を借りてシナの権益を守ることもできるのです。ところが、アメリカはやがて日本と戦争をしなければならないと考えるようになっていました。その時に日英同盟があると、イギリスは律義な国だから日本を助けるのではないかと心配したのです。だからカナダなどと一緒になってイギリス政府に圧力をかけ、日英同盟を解消させたのです。

その代わりにワシントン会議で九カ国条約を結びました。これは太平洋に関係がある九か国が結んだ条約です。その趣旨は日本がシナ大陸で勝手なことをしないように抑えるための条約でした。

この頃、アメリカの中国への関心は非常に高まっていました。それがなぜなのか私には不思議だったのですが、中国に二十五年いて新聞社を経営していたパウエルという人が書いた『在支25年』という本を読んで、その理由がわかりました。

この人は満洲の辺りを訪ねて「松花江はミシシッピー川のようである。満洲の平野はイリノイ州やアイオワ州に匹敵する豊かな土地である」と書いています。こんな場所に日本が出てきて権力を握ったらアメリカにとって不利になるという趣旨に読めるような書き方をしているのです。おそらくこの本を読んだアメリカ人は、日本が自分たちみたいな大きな国をアジアに持とうとしていると誤解したに違いありません。

そしてそこに田中上奏文という日本が世界征服を企んでいるというインチキ文書が出回るのです。

それからは明らかに、アメリカは日本と戦争をする計画で進んでいきます。しかも日本のほうは、ホーリー・スムート法と、その二年後のオタワ会議により決まったイギリスのブロック経済の影響で、高い関税を払わなければ輸出ができなくなりました。しかし、輸出しなければ重要な物資を買うことができません。だから、労働者の賃金を切り下げざるを得ず、極端に労働者が貧乏になるというプロセスをたどりました。

その後、日本は九か国条約を破棄します。破棄したのには、国際法上、十分な理由がありました。第一には期限のない条約だったことです。例えば日英同盟でも十年と決めて、十年経ったら見直して、互いの同意があれば「もう十年」と延長していきます。日英同盟の場合は二十年目の見直しで、延ばさないことになったわけです。しかし、九か国条約にはこのような見直し条項がありませんでした。

そして第二には、条約を締結した時と周辺の状況が変わってきたことです。九カ国条約に加盟していないソ連が、極東に二十万という大軍を配備して拡張を図っていました。これに対する日本の関東軍は、満洲にいた一万だけです。九か国条約はシナの権益を守るということを取り決めたものですが、こんな状況で条約を守れるわけはありません。だから、日本はこれを正式に破棄したのです。

ところが、アメリカはそれを承諾せず、あくまでも九か国条約を押し付けようと日本に迫ってきました。アメリカは明らかに戦争を仕掛けてきていたのです。日本の首脳部には誰一人としてアメリカと戦争をしたいと思っている人はいないのに、これは不思議なことでした。その理由がよくわからなかったのですが、極東軍事裁判での東條大将の宣誓口述書を見て、なるほど、そうかと思ったことがありました。

東條さんは「日本のやったことはすべて受け身であった」と言っています。相手がこう出たから、こうせざるを得なかった。その繰り返しで、最終的には戦争に突入していってしまった。日本のほうから仕掛けたわけではないのだということを述べているのですが、確かにその通りなのです。

日本が何かをしてアメリカやイギリスを怒らせたわけではないのです。アメリカがホーリー・スムート法を制定し、イギリスがブロック経済を始めると日本はどうにも立ち行かなくなるのです。だから、大陸に出て利権を伸ばすより方法がなかったのです。しかし、アメリカは「それはだめだ」と言ってくる。そこで正統的なやり方で満洲国を独立させたのです。

清国は満洲族の帝国です。その最後の皇帝溥儀が追われて、命からがら日本公使館に転がり込んできた。そこで、満洲の地に満洲国をつくって溥儀を皇帝にしたらいいじゃないかという抜群のアイデアが生じたわけです。

それまで満洲には五人ぐらいの匪賊が自分こそ皇帝だと言って小さな国をつくっていました。ところが、溥儀が戻ってきた途端、何も抵抗せず家来になったのです。

日本のやったことには全く無理がありませんでした。そして満洲さえあれば、日本の人口問題、食糧問題は一〇〇％なくなるのです。だから、日本はアメリカから文句を言われた時に、アジア・モンロー主義であると言っています。

モンロー主義というのは、アメリカが勝手に中南米を勢力圏に置いたことに対してヨーロッパ圏から口を出された時に言った言葉です。アメリカはヨーロッパの紛争に干渉しない代わりに、アメリカ大陸のことにヨーロッパは口を挟まないでくれという相互不干渉を訴えたのです。満洲について、日本はそれと同じことをアメリカに言ったわけです。

◉支那事変は〝事変〟であって戦争ではない

今でははっきりしていますが、盧溝橋《ろこうきょう》事件（昭和十二年七月七日）をきっかけに始まった支那事変は、明らかにコミンテルンの手で行われたものです。戦後は日本が勝手に始めたというような話が広まりましたが、今では『広辞苑』を見ても、「演習中の日本軍が発砲を受け」と、向こうが最初に発砲したことを書くようになりました。

この時の衝突は、交渉がまとまりそうになると向こうから鉄砲を撃ってくるということが何度かあり、しばらく小競り合いが続きました。七月二十九日に起こった通州事件では日本の居住民が二百人以上虐殺され、再び衝突が起こりました。それでも近衛内閣は戦線不拡大方針を取ったため、北シナだけで戦闘は収まったのです。

しかし、昭和十二（一九三七）年八月十三日に始まった第二次上海事変によって、支那事変は中国全土に広がっていくことになりました。八月十三日に、いきなり国民党の五万の大軍が上海の日本人居留地を攻撃し始めたのです。シナ軍は空爆まで行いました。それが本当の支那事変の始まりだとライシャワー博士は言っています。

この第二次上海事変について言うと、蔣介石は日本を攻撃する気はなかったのです。しかし、蔣介石の部下で南京上海方面の司令官であった張自忠という将軍が実はソ連のスパイで、とにかく日本をシナの戦場に引き付けろというスターリンの意思を受けて戦争を始めたのです。当時はそういう事情がよくわからなかったので、盧溝橋事件の後は攻撃されたから攻撃し返すということを続けていたわけです。その結果、大陸での戦争がずるずると長引いていくことになりました。

また、東京裁判の時にパル判事が指摘していますが、アメリカは国際法で定められた中立国の範囲を超えて、蔣介石政府に武器弾薬の供与をし、資金援助を行い、さらには義勇兵まで送っていました。日本としてはそこまで行くと簡単に引き下がれないわけですが、早く引きたいというのは陸軍の切なる願いでもあったのです。

こうして本当は北シナ辺りで終わっていたはずの戦いが逆に拡大していきました。その結果、上海、武漢三鎮、そして北京と、全部日本の手に落ちて、蔣介石は山の中にある重慶に逃げ込みました。これは日本の地理で例えますと、福岡、神戸、大阪、京都、東京まで落ちて、盛岡まで逃げてなんとか頑張っているという感じです。しかも、蔣介石には鉄砲をつくる力はないし、銃弾もつくる力はない。それらはすべてアメリカとイギリスから、仏領インドシナおよび英領ビルマを経由して送られてきていたのです。だから、蔣介石は黙って座っていればよかったのです。

ところが、汪兆銘《おうちょうめい》という孫文の右腕（左腕は蔣介石）と言われた人が、占領されたままでは困るからシナ側の声明を出すような政府が必要であるといって、重慶を脱出して南京政府をつくりました。普通ならば、それで戦争は終わりです。孫文の両腕のうちの一人が南京に戻ってきて国民政府というのをつくっている。もう一人は地方にいるけれど、それは別に放っておいて日本軍は引き揚げてもよかったのです。ところが、その山の中の蔣介石のところには限りない援助が来るから引き揚げるわけにいかなかったのです。

だから、面白いことに、日本人はこの戦いを事変と言って戦争とは言いませんでした。蔣介石も戦争とは言いませんでした。なぜかと言うと、戦争と言ってしまうと国際法が適用されるため、そう簡単にできなくなるのです。だから、両方とも宣戦布告をしなかったわけです。

蔣介石政府が正式に日本に宣戦布告をしたのは、アメリカと日本が戦争を始めた後です。しかし、日本はついに最後まで宣戦布告はしませんでした。

◉大東亜戦争に至るまでの日本の事情

そういうようなことでずるずるとやっているうちに、日本にとって都合の悪いことには、ヒトラーがユダヤ人を迫害したり、ヨーロッパを猛烈な勢いで征服し始めました。あっという間に、ポーランド、ノルウェー、デンマーク、オランダに侵攻し、パリも落ちてしまう。イギリスは落ちる寸前までになりました。ドイツは日本と三国同盟を結んでいましたから、アメリカは危機感を覚えたでしょう。

日米戦争が始まる一年半ぐらい前の昭和十五（一九四〇）年、アメリカはＳＸＱという三万トンぐらいの航空母艦を二十四隻つくると言い始めました。航空母艦と一口で言っても、商船を変えたような小さなものから正式空母という立派なものまであります。ＳＸＱというのは立派な空母です。そんなものを二十四隻もつくられたら日本はとても追いつけません。

しかし、危機感はありましたが、当時の内閣でも誰も戦争すべきであるということは言っていません。ということは、昭和十五（一九四〇）年にはまだアメリカと戦争をするという話は出ていなかったわけです。

ところがアメリカは、昭和十四（一九三九）年に「日本が大陸で戦争を続けていることに抗議する」という理由で日本に日米通商航海条約の破棄を通告しているのです。この日米通商航海条約は、幕末に結んで以来続いていた条約です。しかし、アメリカが破棄の理由とした戦争は、アメリカが蔣介石への支援をやめて大陸から手を引けばすぐに終わる話だったのです。しかし、アメリカは支援はやめずに一方的に航海条約を破棄したわけです。

その結果、貿易はどんどん縮小しました。昭和十五年ぐらいにはいよいよ日本は苦しくなってきました。「アメリカはどうも石油も止めるらしいぞ」というような話も伝わってくるようになりました。

あれは昭和十五年の夏の終わり頃だったと思います。私は小学校五年生ぐらいでした。今でも覚えていますけれど、第二次近衛内閣の商工大臣だった小林一三がオランダ領だったインドネシアのバタビア（現在のジャカルタ）に行って、オランダと石油交渉をやったのです。しかし、それはことごとく失敗しました。最終的に、芳沢謙吉という元外務大臣が行きますが、それでもダメでした。

当時は支那事変が始まって数年経った頃で、八つぐらい年上の上級生が戦争に行っています。だから、小学校五年生といっても戦争に対しては物凄く敏感でした。今の子供たちがサッカーなどに関心を持つ以上に関心を持っていたと思います。それゆえ「石油交渉失敗」と聞いたときには、一瞬、目の前が暗くなったような気がしました。小学生でもそう思うぐらいですから、国を預かっている人たちのショックは大変なものだったに違いありません。

問題は石油なのです。鉄も重要ですが、緊急性があるのは何と言っても石油です。石油がなければ飛行機は飛ばないし、戦車も走らない。連合艦隊も動かないのです。当時、日本が持っていた石油は、今の発表によると約八百万トンです。今は一年間に何億トンか消費しますから比べ物にならない数字ですが、八百万トンという量は連合艦隊が二年間動ける分もありませんでした。

そんな石油の備蓄量を考えると、石油が本当に止まったらどうなるかということを考えないわけにはいきません。幸いにして、ベトナム・ラオス・カンボジアのインドシナ三国はフランス領でした。フランスはドイツに降伏して、ドイツ軍の支配下でペタン元帥のヴィシー政権が統治していました。そこで日本はヴィシー政権と交渉して、仏領インドシナに進駐する許可を得ました。攻め込んだわけではなく、平和進駐だったのです。末端では衝突があったようですが、問題を起こした連隊長はすぐに役を解かれて予備役に編入されました。こうしたことから考えても、日本が非常に気を使って進駐したことは確かです。

ところが、アメリカは日本が仏領インドシナに侵攻したといって、すぐに資産を凍結し、石油輸出の全面禁止を日本に言い渡します。それは、日本がインドシナに行ったから決めたということになっていましたが、最近の詳しい調査では、日本が行く前にすでに決定されていたということがわかってきています。

こうして、いよいよ石油が止まります。それでも第三次近衛内閣はなんとか危機を打開しようと、ルーズベルトに会おうとします。しかし、ルーズベルト側は「下で話がついたうえでなければ首脳会談はできない」といって拒否しました。でも、下のほうは上から絶対に妥協するなと言われているのですから話がつくわけがないのです。

この時、日本ではシナから軍を引き揚げたらいいのではないかという案も出しました。しかし、それは陸軍大臣の東條さんがきっぱり断りました。「今、黙って引き揚げたら大陸は戦前と同じ状況になって日本の利権は全部奪われ、そして軽蔑され、また同じことをやられる」というのが拒否の理由です。そして、引き揚げるにしても段階が必要であるということで、「即時撤兵なんてことはできるわけがない」と言ったのです。これは当然でしょう。

即時撤兵というのはなかなかできないものです。今のイラクだって、アメリカはさっさと引き揚げてもよさそうなものですが、なかなか引き揚げられないでいます。引き揚げるとアメリカに協力した人たちが殺されてしまいます。アメリカの利権もすべてなくなります。戦争の前よりもさらに反米的な政府ができることも目に見えています。だから、簡単に引き揚げられないのです。

シナ大陸でもそんな状況がもっと大規模にありました。日本側としては引き揚げたいのはやまやまなのですが、引き揚げることができなかったわけです。

◉なぜ東條英機が首相に選ばれたのか

すでにお話ししたように、近衛さんは内閣を投げ出しました。投げ出す前に御前会議がありましたが、日本には本当の権力者がいないのです。憲法上は天皇になりますが、立憲君主制ですから政治には口を出さないという建前があります。

支那事変以来、それが一番の問題でした。最初は大本営と政府が大本営政府懇談会という場を設けて話し合っていました。しかし、戦争をしながら懇談会というのもおかしいというので、大本営政府連絡会議という名前に変えました。連絡会議ですから連絡し合っているだけで、誰が決めるかはわからないわけです。そんなことで戦争をするかしないかというような大きな決断はできません。だから本当に大きな決断を迫られる時は、連絡会議に天皇陛下にご臨席を願ったわけです。天皇陛下は何をおっしゃるわけでもないのですが、天皇陛下がおられる場で連絡会議を行ったということを理由として、そこで決まったことはすべて天皇陛下のご意思であるというような嘘を国民についたのです。

昭和十六（一九四一）年九月六日の御前会議では、アメリカの圧力があからさまなものですから、「このままいくならば日本はじり貧になるより仕方がない、局面が打開できなければ最終的に英米と戦争するのもやむを得ず」という趣旨のこと決めました。そんな重大な決定をしたのに、近衛さんという人は最終的に無責任な人ですから内閣を投げ出したわけです。

その時、海軍がズルをしました。海軍が「今はアメリカと戦争ができる態勢にない」と言えば、誰も戦争をすると言えないわけです。アメリカとの戦いは海の上が戦場になるからです。しかし、海軍大臣の及川古志郎大将は「総理一任」と言って近衛首相に下駄を預けてしまったのです。海軍が「戦争はできない」と言えば効き目があるのですが、できないとは言えない。だから、自分で言わずに首相に言ってもらおうと逃げたわけです。しかし、近衛首相もお公家様ですから戦争をするという決断はできず、結局、辞めてしまうのです。

辞めた時に、さあ、次の総理は誰にするかという話になりました。これも前に申し上げたように、当時の日本人は非常にプライドが高いので、変にアメリカやイギリスに妥協しようものなら暗殺されたり、もっと悪い場合は二・二六事件のような内乱が起こるという危機感が上の人の頭の中には絶えずあったのです。しかし、アメリカと交渉するためには、どうしたところで日本は譲歩しなければいけない。では、譲歩した時に二・二六事件を再び起こさせない人は誰だろうかということを考えたわけです。

最初に名前が挙がったのは、東久迩宮稔彦さんです。この方は陸軍大将で、若い頃からフランスに行って、かなり自由主義的な人だったようです。しかし、陸軍の中ではわりと信用がありました。

陸軍大臣だった東條さんも東久迩宮さんを推していました。九月六日の御前会議の内容は天皇ご出席のところで決まったものだから動かせない。もしそれを動かすとすれば、あるいは妥協的な態度で対米交渉をやっても軍の反乱で殺されたりしない可能性があるのは宮様であると思っていたようです。

ところが、木戸幸一内大臣が天皇陛下に総理大臣の候補者を推薦するときに「戦争を起こすかもしれない時に皇族ではまずいのではないでしょうか。ここは東條がいいでしょう」と進言したわけです。その結果、東條さんに大命降下がありました。首相になって組閣をせよというわけです。

東條さんには受ける気がなかったのですが、宮中に呼ばれて行くと、天皇陛下は「九月六日の御前会議に縛られる必要はない。全力を挙げて平和交渉をしてもらいたい」と言われました。九月六日の縛りが解けて、とにかく平和の交渉をやれという天皇陛下の直々の命令が下ったのですから、東條さんに断れるわけはありませんでした。

東條さんがなぜ総理に選ばれたかということについて、いろいろな説があります。一つは陸軍内部の状況です。当時の陸軍は皇道派と統制派に分かれていて仲違いしていました。東條さんは系統から言えば統制派ですが、陸軍の中では一番反対の少ない人だったと言われています。その理由はよくわからないのですが、私が考えるところでは、二・二六事件までは政治的な動きをしていなかったことが一つあります。また、二・二六事件の首謀者を取り締まったときに非常に手際がよかったので、東條には陸軍を抑える力があるのではないかと考えられたことが大きな理由だったと思います。

もう一つの理由はあまり言われていませんが、昭和十二（一九三七）年の八月から十月にかけて蒙古辺りで戦ったチャハル作戦の時に、東條兵団が抜群の手柄を立てたのです。それは非常に迅速で、しかも被害が少なかった。急に寒くなって他の部隊は凍傷などの被害が出ましたが、東條兵団は無傷でした。それで兵隊の信頼が大きかったので、下のほうの兵隊の動きも止める力があったと考えられたのかもしれません。

こういうようなことで、東條さんを総理大臣に据えるということになったのです。

◉日本の名誉を傷つけたある外交官の失態

とにかく戦争を回避しろというのが天皇のお考えだったので、東條さんは全力を尽くそうとしました。それで、アメリカとの交渉に際し、甲案乙案を準備しました。甲案で妥協すれば一番いいけれど、うまくいかない場合は、さらに譲歩した乙案を出す。乙案はこれならアメリカも受け入れるだろうというぐらいまで譲歩したものでした。交渉相手のコーデル・ハル国務長官とはそれまで議論を積み重ねてきましたから、甲案がだめでも乙案なら妥協するだろうという見込みもあったようです。

ところが、日本嫌いのアメリカ大統領フランクリン・ルーズベルトは、戦争回避は全く考えていませんでした。先に述べたように、ルーズベルトの周囲には約五百人の正規及び非常勤のコミンテルンがいました。アメリカは共産革命に対して何の恐れも持っていなかったので、脇が甘かったのです。この前の戦争の時も、この戦争は民主主義国とファシストの国の戦いであると言っていました。スターリンのソ連を民主主義側の国に入れていたわけですから大甘の甘ちゃんでした。

ルーズベルトの周囲にいたコミンテルンの一人に、国務次官補のハリー・ホワイトという人がいました。非常に頭の切れる人だったらしく、戦後、世界銀行ができた時にアメリカの代表になっているほどです。この人が、今から言えばスターリンによって、「日本を絶対に戦争に入らせろ」という命令を受けたわけです。そこで絶対に日本が戦争に入らなければならないような条件を書いて、ルーズベルトに渡しました。ルーズベルトは、「これでいいじゃないか、これなら戦争できるぞ」とハルさんを呼んで、これでやれと命じました。大統領の命令ですから背くことはできず、ハルさんはそれを日本に渡しました。これがハル・ノートと呼ばれるものです。ハルさんの名前がつけられていますが、実際にはハルさんは策定には関わっていないのです。

日本としては寝耳に水です。ずっと戦争回避を目指してハルさんと交渉をしてきて、アメリカが呑める案まで用意したのに、それまでの経過とは全く関係ない案が突然出てきたわけですから。それを受け取った日本側は、「これは九カ国条約に返れということだ」と困惑しました。そこに戻るわけにはいかないのです。

ハル・ノートが出る前までは内閣の中でも戦争反対派、慎重派が多かったのですが、ハル・ノートを見せられた途端、一人として戦争反対という人はいなくなりました。ハルさんはあれをハル・ノートと言われるのを大変嫌っていたそうです。自分が書いたものではないし、しかも日米開戦の引き金になったわけですから。

ハルさんは、これを日本に渡せば戦争が起こるということはよくわかっていたと思います。だから、渡した直後に「これで外交交渉は終わった。後は君たち軍人がやってくれ」と言っています。これはハルさんの頭の中では最後通牒《つうちょう》だったのです。また受け取った日本側も、最後通牒として受け取っている。双方ともそれを理解していたのです。

しかし、たとえ最後通牒だとしてもすぐに戦争を起こさなくてもいいわけです。その時に非常にまずかったのは、何と言ってもワシントンにいた日本の外交官の怠慢です。山本五十六連合艦隊司令長官も「寝首はかかない」と言っていました。日本では寝ている人を殺すことはない。少なくとも枕を蹴飛ばして、一度目を覚まさせてから斬るんだ、寝ているやつを殺すんじゃないぞ、というわけです。要するに、開戦の少し前でもいいから、必ず宣戦布告の通知が行くようにと言っていたのです。

ところが、日本から日米交渉打ち切りの電報が来た時、ワシントンの外交官は不在でした。外務省からは「当地時間の午後一時に渡せ」と言われたので、命令通りに通訳はハル長官に連絡してアポイントメントを取りました。ところが、前の晩に留守をしていたため、電文の翻訳に手間取り、タイプの打ち間違えなどもあって、約束の時間に遅れてしまったのです。結局、一時間二十分遅れ、ハルさんに文書を手渡した時にはすでに真珠湾に爆弾が落ちて三十分ぐらい経っていました。

これは致命的な失敗でした。当然、アメリカは、外交交渉の途中に日本が攻撃してきたと非難しました。外交官が遅れなければ何も問題はなかったのです。しかし、遅れたために今日に至るまで「日本人はずるい国民だ」というレッテルが張られ、それが流布しています。それまで日本に対して「ずるい」という評判は一切ありませんでした。ところが外交官のミスで、日本政府自体がずるいことになってしまったのです。

その時の責任者の一人である外務省キャリアの奥村勝蔵という人がいます。この人は敗戦後、天皇陛下の通訳をなさった方ですが、この人の書いた手記を見ますと、明らかな嘘をついています。大使館に泊まっていたと書いていますが、泊まってなどいなかったのです。その嘘が明らかになったのはずいぶん後ですから、奥村さんほか三、四人のキャリアはみな勲一等になっています。

しかし、日本は無警告攻撃をするつもりはなかったと後で言っても、世界には通用しません。その無警告攻撃の原因となった人たちを出世させたのは非常によくないことです。私は名誉褫奪《ちだつ》法というのがあってもいいのではないかと思うのです。「名誉を与えたのは間違いでした。勲一等は取り上げます」と言えば、世界に名誉を褫奪していますと言えます。そうでもしなければ、外国にいくら弁解しても通りません。

◉山本五十六が指揮した空前絶後の大作戦

ところで、それまでのアメリカ軍の日本に対する攻撃のやり方は、子供でも知っていました。リングフォーメーションと言って、主力艦隊を中心に置き、その外側に駆逐艦などが何層かの輪になって進んでくるのです。それがわかっていたため、日本側も南洋群島に潜水艦を多数配備して、敵の艦艇を一隻でも多く沈めようと画策していました。アメリカが10で日本が7ぐらいの戦力差がありましたから、これを五分五分になるくらいまでなんとか潜水艦で撃沈して、小笠原沖で決戦をやる。これが日本の軍事の基本方針でした。

ところが山本五十六は、それではダメだと思ったのです。日本には石油がないから戦争に入るのだ、これは資源の戦争であると考えたのです。連合艦隊司令長官になる前、山本五十六は海軍次官でした。海軍次官の時も、戦争する前に船の石油をどうするかが一番の問題だと考えていました。そんなところに海の水から石油をつくるという計画を持ってきた詐欺師がいました。すると、あれだけ頭のいい山本さんがその詐欺に引っかかってしまい、海軍省は大分損をしています。それほど石油の問題が大きかったのです。

山本さんは、インドネシアの石油を押さえて運ぶような形にしなければ絶対に戦争はできないと考えました。ところが、その途中にはフィリピンがあります。フィリピンにはアメリカ軍がいます。そこにアメリカの太平洋艦隊が出てきたら戦争になりません。だから、とにかく太平洋艦隊の基地があるハワイを潰さなければいけない。それが彼の信念になりました。

しかし、その案には誰も賛成しませんでした。連合艦隊の中でも、難しいのではないかという意見があったようです。山本長官の意見に初めから賛成だったのは第二航空戦隊司令官の山口多聞中将だけだったと真珠湾攻撃の時の航空参謀だった源田実さんは言っています。

ところが、最終的に山本さんは連合艦隊の関係者や参謀その他を集めて、「俺が連合艦隊司令長官である間は、必ずハワイを第一に攻撃する。だから、この点についてはもう議論はやるな」と言い、「必ずやる。ただ、そのために必要なことは何でも言ってくれ。なんでもやってやる」と訓示しました。すると、その場にいた全員が粛然として、真珠湾攻撃が決まったと源田さんは書き記しています。

山本五十六という人は海軍の中で圧倒的な迫力があって、別格の存在でした。そんな山本さんの訓示を受けて、全員が一所懸命動き始めたようです。

ハワイの軍港は浅いのです。普通に戦闘機から魚雷を投下すると、海底に突っ込んでしまいます。ではどうするかということで、まず魚雷の改造を始めました。また、海面近くまで降下してから魚雷を落とさなければならないので、鹿児島の桜島あたりで魚雷投下訓練をやりました。ハワイで使った魚雷が完成したのは、真珠湾攻撃の二～三か月前でしたから、本当にギリギリです。その代わり、源田さんが言っているように、どんな無理な要求をしても山本長官はちゃんとやってくれたそうです。

ハワイ作戦は結果から見ればマイナスだったという意見が強いと思いますが、戦争の歴史から見ると、これは空前絶後の大作戦でした。日本の攻撃をアメリカ側が事前に知っていたかどうかについては、さまざまな議論があります。暗号をすべて解読していたから、攻撃があることはわかっていました。しかし、どこに来るかまではわからなかったようです。アメリカはフィリピン、グアム島、ウェーク島、ミッドウェーまでは警戒態勢を敷いていましたが、まさかハワイから戦争が始まるとは予想していなかったのです。当時の常識からしても、日本から六千キロも離れたハワイまで航空母艦を中心とした機動部隊が殴り込みをかけてくるとは考えなかったし、それが実行可能だとは思わなかったのです。

当時はドイツでも航空母艦は所有していませんでした。ソ連にも一隻もありませんでした。イギリスは持っていましたが、機動部隊をつくるほどは持っていない。日本とアメリカだけが突出していたのです。しかもアメリカは日本の真似をして機動部隊をつくりましたから、よくわかっています。ハワイを攻撃することは不可能だとアメリカが考えたのも当然でした。

アメリカは、日本が最初に攻撃する可能性が一番高いのはフィリピンだろうと考えました。だから、フィリピンには厳戒態勢を敷いていました。それから、グアム、ウェークは日本の当時の南洋群島から近いから、同様に警戒していました。しかし、ハワイはそれほど警戒していなかったのです。

だから、ハワイ攻撃は途轍もない成功を収めたのです。我々子供は当時、ハワイにどういう軍艦があるか、みんな暗記していました。それが「これも沈んだ。これも沈んだ。これも沈んだ」というわけですから、日本はなんでこんなに強いのだろうと思いました。

ただ、その時に残念だったのは、第一次攻撃が終わった後、山口多聞中将が「第二撃準備完了」と伝えたのに、南雲司令長官が第二次攻撃を命じなかったことです。山口さんはもう一回行って石油タンクと海軍工廠の爆撃をするつもりだったのですが、攻撃の許可が下りなかったため、引き揚げてきたわけです。これを聞いた山本五十六は「南雲さんならやらなかっただろうな」と言ったといいます。

ハワイ攻撃の時の第一航空艦隊司令長官南雲忠一中将は、攻撃反対派の中心の一人でした。だから、命令だからやると腹を決めたとしても、どこかに躊躇する気持ちが残ったと思うのです。

草鹿龍之介という第一航空艦隊の参謀長がいます。この人は剣道の名人ですが、戦後、なぜ第二次攻撃をやらなかったかと聞かれた時に、「剣術でもさっと行って、さっと引く。この呼吸が大事なんだ」というようなことを言いました。しかし、この弁解はたちまち消し飛びました。というのは、戦後にミーツというアメリカ海軍司令官の回顧録が出たのです。

それによると、あの時、海軍工廠《こうしょう》と石油タンクを爆撃されていたら、その後の半年間は太平洋でアメリカの船は動けなかったであろうと書いているのです。だから、草鹿参謀長の言葉は臆病すぎたと思います。元来やりたくなかった戦争をやらなければならなくなった人の言葉です。

山口中将は本気で第二次攻撃をやるつもりでした。しかし、海軍では海軍兵学校の卒業年次と成績によって厳しく序列が決まっていましたから、それを通り越して意見を具申することはできなかったのです。これは今から考えても残念なことでした。

◉とことんツキに見放された井上茂美の戦い

ウェーク島の戦いでは、第四艦隊司令長官の井上茂美という戦後有名になった立派な大将（ウェーク島の戦いの当時は中将）がいました。戦後は神奈川県の片隅で英語塾をやっていて亡くなった方です。この井上さんは、あの戦争でたった一つ失敗をしました。ウェーク島を取り損ね、駆逐艦を二隻沈められて撤収しなければならなかったのです。山本五十六は井上さんをかばって、戦争には撃つ側と撃たれる側がある、第四艦隊は撃たれる側に回ったんだと言って弁護したそうです。

この井上さんはその後、珊瑚海海戦の時に艦長としてポートモレスビー（現在のパプアニューギニアの首都）の攻撃に行きます。珊瑚海海戦ではアメリカの空母二隻（レキシントン、ヨークタウン）と日本の空母三隻（瑞鶴、翔鶴、祥鳳）が戦って、日本が辛勝した戦いです。日本はアメリカの一番大きな航空母艦レキシントンを沈め、ヨークタウンも一時使えないぐらい大破しました。日本のほうは潜水母艦を改造した小さい空母の祥鳳が沈没しますが、後は正式空母の翔鶴が甲板をやられた程度の損害でした。

ところが、戦いの様子を見て井上さんは艦隊の引き揚げを決断し、ポートモレスビーを攻撃しませんでした。今から見れば、ここでポートモレスビーを取っていたら、ニューギニアで陸軍が二十万人も死ぬことはなかっただろうと思われます。

これは戦争ではついていない人を使ってはいけないという教訓です。あの戦争を見ても、初めからついていない人がいるのです。軍艦でも開戦早々沈められた船がありました。それでも死ななかった人が、次の船に乗ると、早速、艦隊全部が沈められています。ああいう大戦争の時は、武運というのが非常に重要なのだということを感じます。これは理屈ではありません。

だから、武田信玄であろうが上杉謙信であろうが、武運長久を祈るわけです。そこにはわけのわからない要素が働いていますから、誰がついているのか、誰がついていないのか、よく見ていなければならないということでしょう。

◉チャーチルも驚いた開戦初期の日本軍

連合艦隊がハワイから帰ってきました。アメリカの戦艦は全部沈めるか大破させたのですから、空前の大勝利です。これで海軍工廠と石油タンクを潰しておけば、戦争のゆくえもどうなっていたかわかりません。この戦争に勝つためには、日本はフィリピンを占領しなければなりませんでした。それでないと石油のあるインドネシアに行けないからです。その時も日本は非常に運がよかったのです。

フィリピン作戦は、まず敵の航空部隊を撃滅してから主力が上陸するという計画でした。そのために台南から零戦隊が飛んでいって、フィリピンのマニラ近くのクラークフィールドを攻撃することになっていました。

これを迎え撃つためアメリカの攻撃機も飛び立ちましたが、天気が悪かったため零戦隊の出発が遅れました。そのため待ち受けていた敵機がいったん地上に降りました。

そこにちょうど日本の飛行機が到着したため、アメリカの航空部隊を全滅させることができたのです。ちなみに当時のアメリカのフィリピン総司令官はダグラス・マッカーサーでした。

イギリスとはシンガポールで戦いました。シンガポールは東亜侵略の牙城《がじょう》と言われ、イギリスはレパルス、プリンス・オブ・ウェールズという屈指の戦艦二隻を配備していました。プリンス・オブ・ウェールズは、戦艦大和ができるまで世界最大の軍艦の一つでした。大西洋ではドイツの戦艦ビスマルクと撃ち合ったこともあります。ビスマルクは当時のドイツの技術をすべて傾けた戦艦で、イギリスのフッドという大戦艦と撃ち合って瞬間にして撃ち沈めるほどの高い性能を持っていました。プリンス・オブ・ウェールズはそのビスマルクと戦って、大損害を与えています。

プリンス・オブ・ウェールズとレパルスの二隻の軍艦を合わせれば、マレー半島に日本の輸送船団が来ることはないとイギリスは考えていました。ところが、日本の基地航空部隊の空襲で、たちまちプリンス・オブ・ウェールズもレパルスも沈没されてしまいました。チャーチルは「第二次世界大戦回顧録」に「戦争全体でその報告以上に私に直接的な衝撃を与えたことはなかった」と書いています。部屋には他に誰もいなかったそうですが、きっと泣いたのでしょう。

戦果を聞いた時、我々は「日本はどれだけ強いのか」と思いました。学校へ行くと先生は興奮して、雨天体操場にみなを集めて黒板にプリンス・ウェールズの大きさを書いて示しました。大海軍国であるイギリスの代表的な戦艦を飛行機で簡単に沈めたのですから、大人も興奮したのです。

それから意外に話題にならないのですが、我々の意識に強く残ったのはインド洋作戦です。これは機動部隊の飛行機乗りがいかに優秀だったかを示した戦いでした。

例えば、昭和十七（一九四二）年四月五日にインド洋で日本の偵察機がドーセットシャー、コーンウォールというイギリスの代表的な重巡洋艦を見つけました。日本は九十九式艦爆隊を発信させますが、その時の急降下爆撃の命中率が一〇〇％だったのです。こんなべらぼうな話は練習の時もないと言われていました。空から見れば、どんなに大きな戦艦でも芥子《けし》粒みたいにしか見えません。そこをめがけて急降下して爆弾を命中させるのですから容易なことではありません。それが一〇〇％当たったのですからひとたまりもなく、あっという間に重巡洋艦は沈みました。それから四日後の九日にはハーミーズという航空母艦も撃沈しています。

この戦いは戦後あまり言われないのですが、私が子供の頃には非常に強く印象に残りました。それでイギリスへ留学した時に、当時のことをチャーチルはどう思っていたのだろうと思い、回顧録のインド洋海戦のところを見たところ、「日本の航空隊の効率のよさは実に驚くべきものであって、このようなことは大西洋では体験したことがない」と書いてありました。だから、この戦況を聞いた時には、まさに酔うがごとき気持ちだったのです。

◉日本人が腰を抜かしたアメリカの破天荒なアイデア

ところが、同年四月十八日に、突然、東京・横浜・名古屋・神戸などがアメリカ軍に空襲されたのです（ドーリットル空襲）。これは晴天の霹靂《へきれき》でした。「いったいどうしたんだ」と驚きました。B25が十六機襲来して、そのうちの十三機が東京・神奈川（横浜・川崎・横須賀）地区、三機が名古屋・神戸地区に爆弾を落としました。被害はほとんどなく、飛行機は大体落としたという発表がありましたが、今、資料を見ると民間人が九十人ぐらい死んでいますし、家は三百軒ぐらい焼けています。それぐらいの被害はあったのです。そして、日本はB25を一機も落としていません。

この空爆はアメリカの一番いい時代の一番いい連中のやったことです。航空母艦はまだ残っているのに、至る所でアメリカが負け続けている。なんとかしなければいけないという時に、アメリカ陸軍航空部のドーリットルという人が「航空母艦に陸軍機を乗せてくれ」と進言しました。普通、航空母艦に乗せる海軍の飛行機は短距離しか飛べません。ところが、陸軍機は長距離を飛ぶようにできています。だから、ドーリットルは「航空母艦から陸軍機で飛び立って日本に爆弾を落としたら、空母には戻らず、そのまま大陸まで飛んでいって着陸する」という破天荒なアイデアを出したのです。陸軍機は大きいので着艦が難しいのです。

これはアメリカ人の冒険精神そのものですが、それに対して「じゃあ、やってみるか」というのがまた凄いところです。日本はそんなふうに陸軍と海軍が協力したことがありません。だから、航空母艦に陸軍機を乗せて長距離飛行をして攻撃するというような発想は全くありませんでした。アメリカはそれをやったわけです。

当時、太平洋には漁船を改造した見張りの船がたくさんいました。その一つである日東丸という船が敵艦隊を見つけ、十八日早朝に「敵航空母艦二隻、駆逐艦三隻見ゆ」と打電しました。しかし、打電すると敵方にも音波で位置が伝わります。そのため日東丸は攻撃されて沈没し、乗組員は全員死亡しました。

しかし、危険を省みずに知らせてくれた日東丸のおかげでアメリカの航空母艦がどのあたりまで来ているかという情報が伝わりました。それに対して日本はどうしたかというと、航空母艦の位置と搭載している飛行機の航空距離から、日本付近に到着するのは十九日朝ぐらいになるだろうと推定しました。もちろんそれは海軍機が飛来することを想定していたのです。ところが、陸軍機は何倍も遠いところから飛ぶことができます。だから、十九日の朝という予測は外れ、十八日の昼頃には空襲が始まったわけです。

この時も日本側にはミスがありました。爆撃機は最初、茨城の水戸で発見されました。そこで慌てて「敵機来襲」を告げると、航空司令部では「味方の飛行機を見誤ったのだろう」と考えて、警戒警報を出さなかったのです。つまり、全く無警戒なところで爆撃されたのです。爆弾はバラバラと出鱈目《でたらめ》に落とされたので死者も百人に満たずに済みましたが、小学校が機銃掃射されたという例もありました。

その爆撃機は空襲の後、一機はウラジオストク、残りはすべて中国まで飛んでいき、乗組員の八割ぐらいは生きていました。八人は日本軍の捕虜になり、うち三名が処刑されました。この処刑問題は、のちに軍事裁判で裁かれることになります。

この時の空襲を見ていた人の話では、日本の航空基地から舞い上がった防空のための飛行機はアメリカの爆撃機に追いつけなかったそうです。だから、一機も落とせず逃げられてしまった。よほど混乱していたのでしょうが、翌日になると、今度は敵機が来てもいないのに何度も警戒警報が出て、味方の陸軍機を敵の飛行機だと見誤って撃ち落としたこともありました。徹底的に勝っている時に突如として爆撃機が飛来したので、日本人は腰を抜かしてしまったのです。

◉ミッドウェー作戦における日本の油断

この事件が山本五十六の精神を根本から揺るがすことになりました。日本本土は敵に空襲させるものかと言っていた人が、自分たちが留守にしている間に攻撃されたのです。慌てて日本に帰ってきた山本は、ミッドウェーまで叩いておけばアメリカも簡単には来れないだろうと考え、ミッドウェー作戦を立てるわけです。

そういう大作戦を遂行する時は、本来ならば暗号を作戦用のものに変えるそうです。情報が相手に筒抜けになると大変なことになるからです。ところが、この時はそんな時間の余裕がなかったのです。

もっと馬鹿らしい話もありました。ハワイ攻撃の時、二人乗りの特殊潜航艇が五隻出撃しました。これはすべて成功しなかったとみなされています。ただ、そのうちの一隻は座礁して酒巻和男という少尉が意識不明のまま捕虜になりました。この人は日本人捕虜第一号ということで有名になりました。残りの乗組員は全員戦死、酒巻さんの艇に同乗していた人も行方不明のまま戦死とされました。

この戦死した潜航艇の乗組員を大本営は「九軍神」として宣伝しました。それを聞いた時、これはおかしいと思いました。二人乗り五隻で行ったのに、九人というのはどういうことだろうかと。要するに、大本営は酒巻さんが捕虜になったことをアメリカの発表で知って、酒井さんを数えなかったわけです。

そして、残りの九人は二階級特進になりました。例えば、大尉なら中佐になるわけです。後になると二階級特進は珍しくなくなるのですが、当時はまだあまり例がありませんでした。しかも軍神と言ったわけですから異例中の異例でした。

その宣伝はもちろん戦意高揚のためだったのですが、これが非常によくない結果をもたらしました。ハワイ攻撃に参加した飛行機乗りたちがむくれ始めたわけです。潜水艇で出撃した連中は確かに勇ましかったけれど船は沈めていない。我々の仲間はたくさんの船を沈めたし、二十九機が撃墜されているから死者も五十人前後いる。その連中は戦死しても一階級昇進しただけで軍神にもならなかった。こんな馬鹿な話があるかと言って揉めたわけです。連合艦隊の参謀長などはその不満解消に頭を悩ませて、ミッドウェーの作戦自体に取り組む暇がほとんどなかったと言われます。

また、秘密保持が十分になされなかったのも問題でした。機動部隊の連中は連戦連勝で無敵の実績を挙げていますから、秘密保護の精神がないまま呉に帰港するのです。呉では、床屋さんが「今度はミッドウェーだそうですな」と話しているし、芸者屋の芸者も「今度はミッドウェーなんですってね」という調子で話している。秘密も何もなかったのです。ハワイ攻撃に行く時は誰にも知らせなかったから、誰もわからなかったのですが、勝ち続けたものだから緊張がほどけて口が軽くなってしまっていたのです。これは軍人としてあってはならないことでした。

今、インテリジェンスという言葉が流行っていますが、日本が本当にインテリジェンスを使ったのはミッドウェーの前まででした。戦争の前はさすがに緊張して、ハワイの様子は入念に調べました。南方の状況も調べましたし、フィリピンの敵の飛行機の状態も調べました。だから、日本がインテリジェンスを全く無視していたわけではない。戦争の始まる前は実によく調べていたのです。そして、その調べた範囲においては、ほとんど無敵でした。ところが、その後はよく調べていない地域で戦争をすることになって、ぼろ負けをするのです。特にミッドウェーの前は驕り高ぶって、秘密も何もなく丸裸に近い状態で乗り出していくわけです。

◉ミッドウェーで大敗を喫した理由

それからもう一つ、山本五十六が変わってしまったということがミッドウェーの大敗に繋がっているように思うのです。山本さんはハワイ攻撃まではイギリスのネルソン提督以上に偉い海軍軍人だったと思います。誰も考えつかなかった新しいやり方を考案してハワイ攻撃をしたという意味では、世界最大の海軍提督だったと言えると思います。それが不思議なことに変わってしまうのです。

それは戦艦大和ができたことと関わりがあるように私は思います。戦艦大和はハワイ攻撃のすぐ後にできました。すると連合艦隊司令長官の山本五十六は、それまで連合艦隊の旗艦であった長門から大和に移りました。大和の大きさは桁外れでした。長門は排水量が三万九千トンだったのに対し、大和は六万四千トンぐらいですから全然違います。この世界一の戦艦に乗船してから、山本五十六は航空戦略第一主義から戦艦第一主義に戻ってしまった感じがするのです。

だから、ミッドウェーに出掛ける時にも手を抜いています。ハワイの時は航空母艦六隻で行きました。ところがミッドウェーの時は、敵の航空母艦が出ることを予想しながら四隻しか使っていないのです。それから、航空母艦を中心にした機動部隊を先行させました。機動部隊だけの攻撃ならまだ筋は通るのですが、その五百キロ後から戦艦大和に乗った山本五十六の大艦隊がついていくのです。

いつの間にか山本五十六の頭の中は、艦隊が主力であり、機動部隊は先発隊であるといった意識に変わってしまったのです。

航空母艦は飛行機を何十機も積んでいますから攻撃には強いのですが、守りは弱い。だから、戦艦は守る必要があります。また、航空母艦は飛行機を積むために平らにできていて、煙突とかアンテナは脇のほうに突き出ています。そのため電波の受信状態がよくありません。一方、戦艦は高さがあります。あれは電信をよくして、敵の電信も傍受するためなのです。それによって戦いを有利に進めることが可能になるわけです。

だからミッドウェーに行く時も、戦艦に一緒についてきてほしいという要請がありました。これは当然の話で、大和が一緒についていけばよかったのです。しかし、山本さんはそれを無視して、機動部隊だけを先行させました。百歩譲って、自分は動かずに国にとどまっているのならまだ理解できます。ところが、機動部隊の後を大艦隊でノコノコついていく。それなら最初から一緒に行けばよかったのです。

私はこのことを戦後に知って、がっかりしました。本当であれば、ミッドウェー作戦は成功するに決まっていたのです。日本は航空母艦四隻、アメリカは航空母艦が二隻か三隻、一隻は大破したヨークタウンです。それなのに大敗したのはなぜなのか。

ミッドウェー作戦に参加したというと、それだけで給料が上がったそうです。その点数稼ぎのために、意味もなく連合艦隊を機動部隊の五百キロ後からついて出したという説があります。うがった見方かもしれませんが、そうとでも考えなければ説明がつきません。

結果として、ミッドウェーで日本は大敗を喫します。後から見ますと、偵察がいい加減だったということが一番大きい敗因でした。偵察が遅れたのです。しかし、敵の航空母艦がいるとわかった時、山口多聞は、「すぐに攻撃に行くべきです」と南雲司令長官に進言します。しかし、飛行機に装着していた陸用爆弾を取り換えたりしているうちに、敵の艦上攻撃機が急降下爆撃をしてきました。航空母艦から飛び立つ前の飛行機はみな魚雷等を抱えています。そこに爆弾が落ちたのですから、火薬庫に爆弾が落ちたようなものです。あっという間に三隻の主力航空母艦は大破、炎上しました。

山口さんが乗船していた飛龍から出撃した飛行機がヨークタウンを大破させ、動けなくなったところを潜水艦が沈めたので、かろうじて敵の航空母艦を一隻沈めることはできましたが、なんとも情けない結果に終わりました。

残念なのは、四隻の航空母艦が沈んだのみならず、インド洋でイギリスの重巡洋艦を沈めた飛行機乗りが三百人も死んでしまったことです。これは、かけがえのないことでした。

このミッドウェーの敗戦は、日本にとって痛恨の出来事でした。これが戦争のミッド・ウェイだったとアメリカ人の作家は書いています。


ついでに言うと、ミッドウェー作戦は東京などが空襲されたことがトラウマになって、とにかく日本に近い島はみな取ってしまえという荒っぽい考えから始まりました。それでミッドウェーだけでなく、アリューシャン列島のキスカ島とかアッツ島を取りに行きました。その時の作戦で、零戦が撃墜されました。乗組員の古賀兵曹長は空中戦の途中で弾に当たって死んでしまいましたが、乗っていた零戦はふらふらしながら不時着したのです。それをアメリカが回収しました。

それまで零戦は神秘的な戦闘機だと思われていました。アメリカが自慢していたフィリピンの航空隊を全滅させ、イギリスのスピットファイアが手も足も出なかった。ところが、その神秘的な理由がばらされてしまったのです。それは何かというと、エンジンは一千馬力で非常に回転能力がよくできている。しかも機体が非常に軽い。その代わりに乗組員を守るものが何もついていないし、エンジンの防御もない。また、軽くつくってあるから急降下すると機体がぶれてしまうということがわかりました。

そこでアメリカは零戦に負けない新型の戦闘機を開発し始めるのです。何しろ自動車王国ですからつくり始めればいくらでもつくれるのです。それまでアメリカの主力戦闘機はグラマン・ワイルドキャットという飛行機でした。これは零戦と空中戦をやっても負けなかったのですが、今度はグラマン・ヘルキャットという戦闘機ができました。これは簡単に言うとエンジンが零戦の二倍の二千馬力で、馬力が違います。またエンジンを特殊なゴムで囲んで、弾が当たるとゴムが締まってガソリンが漏れないように工夫しました。乗組員にも弾が当たってもすぐに死なないようにいろいろなプロテクトを施しました。このヘルキャットができてから、零戦は勝てなくなったのです。

このようなことも含めて、ミッドウェーの戦いは戦争の分岐点になったのです。

◉もし日本がミッドウェーで勝っていたら……

アメリカの作家で日米戦争を詳しく調べて小説を書いた人がいます。非常に史実に忠実に書かれた本です。そこにアメリカの飛行隊の勇敢さが描かれています。その場面では、「日本の航空母艦を見つけた」と言うと戦闘機の援護なしに雷撃機が飛び立つのです。雷撃機は魚雷を抱えた飛行機ですから鈍くて、普通は戦闘機が守っていくのですが、守る暇も与えず飛び立つわけです。しかし、援護がないから日本の航空母艦に近づいた時に、零戦によってほとんどすべてが落とされてしまいます。

ところが、日本の航空母艦から飛び立った戦闘機は魚雷を積んだ雷撃機を落とすのに夢中になって、航空母艦の上空がガラ空きになっているのに気づきませんでした。いかなる場合でも、航空母艦の上は戦闘機が守らなければいけないそうですが、それを忘れていたのです。そこにドーントレス急降下爆撃機が数機やってくるのです。それが運命の分かれ目になりました。

この小説を読んでも、アメリカ兵の勇敢さには目覚ましいものがありました。小説の作者も、ミッドウェーを戦争の切れ目だと考えていました。だから小説の中で、ミッドウェーで雷撃機に乗って撃墜された人全員の名前と位と出身地を書いて称えていますァメリカ人から見ても、ミッドウェーで負けていたら大変なことになっていたという認識だったのです。

その作者の見方に従うならば、ミッドウェーで日本がまともに戦えばアメリカの航空母艦は簡単に沈められたはずです。そうするとどうなったかというと、太平洋でアメリカの船は動けなくなります。当時、アメリカの潜水艦はわりとよく活動していましたが、魚雷の性能があまりよくなかったのです。だから、小さい輸送船が沈められたことはありますが、大きな船だと魚雷が三本ぐらい刺さったまま港に入ってくることもあったようです。アメリカの魚雷の性能が本当によくなるのは、ガダルカナルの戦いの後です。それまでは日本の潜水艦の魚雷が世界一でした。アメリカは日本の撃った魚雷が浜辺に揚がったのを持ち帰って分解したと言われています。

ミッドウェーの戦いはガダルカナルの戦いの前ですから、そこで勝っていれば太平洋はすべて日本の支配下になっていたはずです。アメリカの製造業にいくら力があると言っても、軍艦はカリフォルニアの海岸でつくらなければならないのですが、太平洋が日本の連合艦隊に押さえられていれば、艦砲射撃でやられてしまいます。

そうなると、アメリカとしては日本がカリフォルニアに上陸することを考えなければばならない。それを防ぐためにアメリカ陸軍は太平洋岸に貼りつけになります。そうなっていれば、イギリスの北アフリカ作戦を助けるために戦車隊を送っている余裕はなかったはずです。

すると北アフリカの戦場ではドイツのロンメルが勝ち、スエズ運河がドイツの手に落ちたでしょう。そのへんで日本とドイツが手を結べば、石油がドイツにも日本にも自由に入ります。そうなればイギリスは必ず降参しますから、アメリカだけで戦うわけにはいかなくなり、アメリカは日本と手を打ったであろう。アメリカの作家が考えたそういうシナリオが現実のものになっていたかもしれないのです。

これは説得力のあるシナリオです。どう考えてもその通りで、ミッドウェーで負けていなかったら、ひょっとしたら勝ったかもしれないし、悪くてもドローゲームに持ち込めたと思います。

◉山本五十六と西郷隆盛に共通するもの

とてつもない英雄であった山本五十六大将がおかしくなった理由は、先に言ったように、戦艦大和だと思います。物凄く偉い人が急に偉くなくなることがあると思うのです。

私は西郷隆盛が好きで、子供の頃から、素晴らしい人だと仰ぎ見ていました。西郷隆盛がいなければ、あの時点で江戸城開城はなかったでしょう。西郷隆盛がいなければ、版籍奉還《はんせきほうかん》は絶対にできなかったでしょう。大名たちが大名を辞めたのは、西郷隆盛が陸軍大将として東京にいて、皇軍という天皇の軍隊が一万人いたからです。数としてはたいしたことはありませんが、西郷さんが陸軍大将であるということに恐れをなして、日本中の大名が誰も文句を言わずに大名を辞めたのです。これは西郷さんがいなければ絶対にできなかったことです。

大名制度をなくさなければ近代化はできないということは、世界を見てきた木戸孝《たか》允《よし》や伊藤博文などが主張していたことです。問題は誰がそれをやれるかということです。それは西郷さんしかいないということで、山縣有朋が西郷さんを訪ねて、大名をなくして予算を国が握らないと西洋に対抗するような施設はできないと説明したそうです。そうしたら、西郷さんは「わかり申した。ようごわす」と。あまりにも簡単に言われたので、山縣有朋は「本当にわかっているのか？」と不安になって、もう一回繰り返して説明しました。するとまた「ようごわす」とだけ答えたというのです。

その時の西郷の印象を、「突然、自分の目の前に大きな山ができたようだった」と山縣有朋は言っています。そういう人だったから、西郷さんが出てくると誰もが恐れ入ったのです。

それほど偉大な西郷隆盛がなぜ西南戦争を起こして城山で死ななければならなかったのか。私にはそれが不思議でなりませんでした。おそらく、西郷さんはある時から急に先が見えなくなったのではないかと思うのです。西郷さんの頭にずっとあったのは王政復古です。将軍から政権を天皇に渡す。これが大事だと思っていました。それから、大名もなくさなくてはならないと考えていただろうと思います。だから、山縣の要請にも簡単に応じたのです。

ところが、その先のアイデアが西郷さんにはなかったのではないかと思うのです。その証拠があります。戊辰《ぼしん》戦争の後の寛大な処置に感激して、山形の庄内藩は西郷さんをとても尊敬して、『西郷南洲遺訓』という西郷さんの語録をまとめました。西郷さんを尊敬した庄内藩の家老たちは、しょっちゅう西郷さんを訪ねています。

ある時、「維新になって、これからどうしたらいいでしょうか」と尋ねると、西郷さんは「これからは文武農だ」と答えます。西郷さんは文つまり儒教と、武の精神と、農業が重要だと言ったのです。それを聞いた庄内藩では、明治になってから四書五経を木版本で出したり、殿様以下が磯釣りで武の精神を鍛えました。それから農は開墾をやりました。武士が開墾をするわけです。ニュースで庄内柿の柿の剪定をしているところを見ましたが、あれは武士が入植した土地です。藤沢周平の映画のロケ地にもなっています。

要するに西郷さんの頭では、大名がなくなり政治は天皇中心でやるから、後は文武農に力を入れればいいという認識だったのです。ところが、文武農では植民地にされてしまいます。どうしても優れた武器がなければいけないし、軍艦がなければいけないのです。農業をやっても武器はできません。やはり商工がなくてはいけないのですが、これが西郷さんには抜けていたのです。突然、西郷さんは自分が何をやったらいいかわからなくなったのだと思います。

大久保利通はさすがにそれに気がつきました。幼少の頃から一緒に飯を食って育った間柄ですから。しかも、大久保は世界を一周してきました。だから、西郷さんに「お前も一度、世界を見てこい」と助言しました。しかし、その時の西郷さんは睾丸が腫れる病気になって馬にも乗れませんでした。とても外国に行ける体調ではなかったのです。それは悲劇と言うしかありません。

この西郷さんと同じことが山本五十六大将にも起こったのではないかと私は考えています。山本さんは全精神を集中して、世界の誰も実行可能だと考えなかった六隻の機動部隊でハワイを攻撃するというプランを立て、それに成功しました。それどころか、イギリスの東洋艦を海上で撃滅し、ジャワ島攻略作戦では、スラバヤ沖海戦、バタビア沖海戦で、英米オランダの連合艦隊を全滅させました。

その時、いきなり東京が空襲に遭って、そこで変わってしまったように思います。偉大な人が突然変わって偉大ではなくなる時点というのが、ひょっとしたらあるのかもしれません。

そして、ミッドウェーでは機動部隊だけを先行させるという明らかなミスを犯し、取り返しのつかない大敗を喫しました。それだけではありません。ガダルカナルの戦いの時は、地図で見ればすぐ上のトラック島に戦艦大和がいたのに、ガダルカナルに向かいませんでした。当時のアメリカの軍艦とか飛行機にはまだ大和を撃沈できる力はありませんでしたから、もしも大和がガダルカナルに出撃していれば日本はガダルカナルを守り続けることができたと思います。そうすれば、オーストラリアが日本の手に落ちていたはずです。

ミッドウェー前後からどう考えても山本さんはおかしくなったと思います。

◉勇敢だったアメリカと物資を惜しんだ日本

ミッドウェーで負けてからの日本は、坂道を転がり落ちるようなものでした。何しろ物資がないのです。兵糧《ひょうろう》はどんどん減っていきます。これは戦争前に天皇陛下が一番心配なさっていたことです。これについて陸軍の杉山元参謀総長に「大丈夫か」と聞くと、杉山さんは「大丈夫でございます」と答えました。「しかし、お前は支那事変の時もすぐ終わると言ったじゃないか」と言われると、杉山さんは「何しろ支那は広うございます」と答えました。すると天皇陛下は「太平洋はもっと広いぞ」と言われました。それで杉山参謀総長は冷や汗をかいて引き下がったという話もあります。

海軍は最初から「一年か一年半はあがいて見せます。その後はわかりません」と言っていました。それから外交関係の人たちは世の中を知っていますから、ダメだろうと言っていました。陸軍だけは頑張ればやれると言っていましたが、海上で陸軍が戦うわけにはいきません。だから、この戦いは海軍が初めに考えた通り、一年半ぐらいがいいところだったんです。

そんな日本に対してアメリカ軍は初めのうちは連敗していました。しかし、常に勇敢でした。バリクパパンという港がボルネオにありますが、あの辺でアメリカ・イギリス・オランダの連合艦隊が全滅した後も、アメリカの駆逐艦だけが殴り込みをかけて日本の輸送船も沈めています。湾の中でしたから沈められても人員の被害は少なかったのですが、駆逐艦だけで殴り込むようなことは、日本はやりませんでした。

この違いはどこにあったのかと考えると、日本の海軍の上の人たちの頭にはモノがないという意識が強くあったために、船を惜しもうとしたのではないかと思うのです。東郷さんの頃は船を惜しむ気はなかったのです。日本海海戦の時も「連合艦隊が全部沈んでもいいから敵の船は全部沈めろ。そうでないと、いくら大陸で勝っても補給が続かないから負けたと同じだ」と命じています。それだけ腹をくくって戦ったので、軍艦は一隻も沈みませんでした。

ところが戦争が長引くと見た海軍の頭のいい上の人たちは軍艦保存を考えたと思います。その結果、肝心の時に大和を使わないで、いよいよ追い詰められたとなった時に特攻攻撃のような役に立たない攻撃に使ってしまったのです。

陸上で言えば、最初のうちは海辺で戦うという戦法をとって敵の上陸部隊を簡単に撃退していました。ところがアメリカは非常に学習能力が高くて、昭和十八（一九四三）年十一月下旬のタラワ、マキンの戦い以来、海岸を艦砲射撃でならした後に上陸するようになりました。日本軍が海岸で守ろうとしていたら、艦砲射撃でやられてしまうようになったのです。だから、サイパンでもテニアンでも、簡単に取られてしまいました。

ところが、陸軍参謀の堀栄三という情報将校が、海岸では守れないから奥に引っ込んで穴を掘って戦うという戦法を考案したところ、インドネシアのハルマヘラ島の戦いでも沖縄でも硫黄島でも、陸軍は必ず敵に甚大な被害を与えるようになりました。しかし、その戦法が見つかるまでは、かわいそうな死に方をした兵隊が数多くいます。ニューギニア辺りでは、上陸しないうちに船を沈められて何千人も死んでいます。

◉インド独立のきっかけとなったインパール作戦

戦後になると、ミッドウェー以後の戦いは惨憺《さんたん》たる話としてだけしか伝わっていません。その中で歴史的に見て重要だったのは、たくさんの被害を出しましたが、インパール作戦だったと思います。この時、日本軍はチャンドラ・ボースのインド国民軍と一緒に戦いました。これは義侠心のある作戦でした。義侠心で死んだ兵隊たちはかわいそうでしたが、とにかくチャンドラ・ボースの軍隊はインパールまで足を踏み込みました。それによって、インド独立軍は独立のためにインパールまで攻め込んだという箔が付いたのです。

　チャンドラ・ボースは敗戦直後に航空事故で死にましたが、その部下たちが当時はまだイギリス支配下のインドで裁判にかけられました。その結果、死刑判決が下りますが、彼らが「我々はインド独立のために戦ってインパールまで行った」と言うと、民衆が大暴動を起こして刑の執行ができなくなりました。これが最終的にインドの独立を認めるところまでいったのです。その意味でインパール作戦はインドの独立運動の起点になったと言えます。日本のためには何にもならなかったけれど、大きな目的から言えば大貢献したわけです。

◉アジア各国の首脳が集まる初の国際会議

　それから、昭和十八（一九四三）年の十一月初め、敗戦の色が濃くなりつつあることがわかる人にはわかってきた頃、東條首相が重光葵外務大臣から提案を受けて、大東亜会議というものを開催しました。これは初めてアジア各国の首脳が集まった国際会議でした。満洲国の張景恵《ちょうけいけい》国務総理、中華民国の汪精衛（汪兆銘）行政院長、ビルマのバー・モウ首相、フィリピンのラウレル大統領、自由インド仮政府代表のチャンドラ・ボース主席、タイのワン・ワイタヤコン首相代理といった人たちが一堂に会したのです。そこで、それぞれが格調高い講演を行いました。

インドネシアからは独立後に初代大統領となるスカルノが来日しましたが、この時はまだ独立が認められておらず、会議への正式な参加はできませんでした。しかし、昭和天皇はスカルノを呼んで実に手厚くもてなしました。

インドネシアは三百年間ぐらいオランダの植民地でした。だから、オランダの役人に対して、インドネシア人は全く頭が上がりませんでした。飢餓と人口過密を緩和するために行われた移住政策で多数の人が死んでも文句を言えませんでした。いわんや、オランダの国王や女王に会うことは考えられませんでした。

そのオランダ軍を日本軍は簡単に片づけてしまいました。そんな国の天皇から宮中に呼ばれたので、スカルノは緊張しました。そうしたら、天皇のほうから近寄られて握手をされた。すっかり感激してしまったスカルノは、戦後もしばしば日本に来ては皇室に出向きました。そこで下品な冗談を言って天皇陛下を笑わせるのが楽しみだったと語っています。

またスカルノは、コパカバーナというナイトクラブで働いていた根本七保子という女性を見初め、インドネシアに連れて帰りました。この人が今も活躍しているデヴィ夫人です。

◉ソ連に仲介を頼もうとしていた終戦前のお粗末な外交

日本はミッドウェー以後も勇敢に戦いましたが、兵隊がどんどん死んでいって、最後は日本本土への無差別爆撃、そして二発の原爆投下によって終わりました。

一つだけ覚えておくべきことは、昭和二十（一九四五）年の終戦の前に、ソ連に仲介を頼もうという発想があったことです。その時はまだソ連との間には中立条約がありました。そこで、近衛さんに直接スターリンに会って講和条約の話をしてもらおうという計画が練られたのです。

しかし、これは空しく悲しい話です。なぜならば、その前に行われていたヤルタ会談で、ルーズベルトがスターリンに「ソ連が参戦してくれれば、樺太も対馬もあげよう」と約束していたのです。日本はそれを知らずに、一所懸命交渉をするのです。

交渉相手のグロムイコはのちに外務大臣になる人ですが、いろいろな理由をつけて話を先延ばしにしました。そして、日本に原爆が落とされた後、突如としてソ連は日本に攻め込んでくるのです。

こんなむちゃくちゃな国ですから、パル判事は、東京裁判で裁こうとしている罪はソ連に一番当てはまると言っています。まさにソ連は勝手に戦争を始め、捕虜虐待などの残虐行為を繰り返していたのです。そんなソ連に仲介を頼もうと考えるほど、日本の外交がお粗末だったということです。

それから実現はしませんでしたけれど、バチカンに仲介を頼むという考えもあったようです。昭和天皇はバチカンのローマ法王に関心があって、すでに戦争前にバチカンと親善関係を結ぶように指示していたといわれます。実際に、戦中の昭和十七（一九四二）年四月にはバチカンに日本大使館が置かれました。昭和天皇の関心がどこにあったのかはわかりませんが、ローマ法王に戦争終結のための仲介を期待していたとも言われます。確かに、早い段階でローマ法王を動かしていれば効き目があったかもしれません。結果がどうなったかはわかりませんが、ソ連に頼むのに比べれば千倍も万倍もよかったと思います。

木戸幸一が書き記した木戸日記を見ると、昭和十七年の二月、まだ日本が勝ちまくっていた頃に、天皇陛下は「そろそろ戦争を止めることを考えたらどうか」と言われていたようです。これは慧眼だったと思います。しかし、当時は連戦連勝で日本中が酔ったような状態でしたから、耳を傾ける人は誰もいなかったということでしょう。

◉ポツダム宣言受諾の背景にあったもの

日本の降伏を要求したポツダム宣言は、昭和二十（一九四五）年七月二十六日にアメリカ大統領、イギリス首相、中華民国主席の名で発せられました。日本は八月十四日にこれを受諾、九月二日に降伏文書に調印、即時発効して、戦争は正式に終結しました。

このポツダム宣言を受諾するかどうか迫られた時、日本は大きなミスを犯しました。それは「ノーコメント」と答えればよかったのに、「イグノア（ignore＝無視する）」と言ったことです。無視するというのは拒絶したのと同じなのです。これによって、相手に原爆を使う口実を与えてしまいました。

その時の首相だった鈴木貫太郎さんは、本心はわかりませんが、最後まで戦うと言っていました。そう言わなければ反乱が起こる可能性もあったと言われています。しかし、八月六日に広島に原爆を落とされ、これはダメだと思ったようです。そして八月九日に最後の御前会議が開かれることになりました。

この御前会議でポツダム宣言を受託するか拒否するかの決断を下すことになりました。しかし、戦争を続行し本土決戦を主張する人と宣言を受諾して戦争を終結させるほうがいいという人の数は半々に分かれました。最終的な決はもちろん首相が取らなければいけないのですが、鈴木首相はそうしませんでした。今から見れば、賢明な判断であったと思います。

鈴木首相は「本日は列席者一同熱心に意見を開陳致しましたが、只今まで意見はまとまりません。しかし事態は緊迫して居りまして全く遅延を許しません。誠に懼れ多いことでは御座いますが、ここに天皇陛下の御思召しをお伺いして、それによって私共の意見をまとめ度いと思います」と言って、天皇に最終決定を委ねました。

それに応えた天皇は「それならば自分の意見を言おう。自分の意見は外務大臣の意見に同意である」と仰いました。外務大臣はポツダム宣言を受諾して戦争を終結させるという意見でしたから、結果的にポツダム宣言受諾という方向で決まったわけです。

あの時、鈴木首相が決を取っても陸軍は収まらなかったと思います。だから、天皇陛下に委ねたのはよかったと思います。

◉若い人にぜひ知っておいてほしいこと

こういうようなことで、日本は明治以後の取り組みがすべて白紙に戻るような負け方をしました。ただ、ろくに鉄がない国がよくあれだけの軍艦や戦闘機をつくったと思います。機織りの絹などを輸出して、関税が高くて儲けが少ないのに、それをこつこつ貯めて、あれだけの大艦隊をつくり、何万台の飛行機もつくって戦ったのですから、よくやったとしか言えません。

戦争が始まったのは昭和十六（一九四一）年十二月八日ですが、九月中頃にはもうアメリカの参謀部は対日戦に向けたさまざまな案を大統領に出しています。その中で大統領がサインをした一つの案があります。それは二百機ぐらいの飛行機を中国に送って、そこから九州の八幡製鉄所などを爆撃させるという案です。それにルーズベルトはOKを出しているのですが、実行されませんでした。実行する直前にイギリスのほうが危なくなって、急遽、飛行機をイギリスに回したからです。

戦争前にそういう計画があったほどですから、あの戦争は日本から始めなくても遅かれ早かれ起こっていたことは間違いありません。日本は和平のために、第三次近衛内閣も東條内閣も努力しましたが、それに対してアメリカは時間稼ぎをしました。パル判事が指摘していますが、時間稼ぎをして得するのはアメリカです。日本と戦争をするというアメリカの決意は固かったのです。

今はあの戦争についてのさまざまな研究が出ています。新たな事実もわかってきています。その中には無数の教訓が含まれています。ちょうど戦国時代の徳川家康や豊臣秀吉や織田信長、あるいは武田信玄、上杉謙信などの言葉の中に、人生や仕事の教訓が含まれているのと同じです。それは広く国民に知らせるべきだと思います。

戦争に負けたとはいえ、日本は決してちゃちな国ではなかったのです。イギリスもドイツもソ連も、当時の日本に比べれば国力も戦闘力もお話になりませんでした。日本を上回っていたのはアメリカだけでした。こんなことも知らせたほうが、若い人の自信になるのではないかと思います。

アメリカと一対一で戦っていたら勝っていたかもしれないと私は思っています。しかし現実には、イギリス、ソ連、中国、オランダといった国々をすべて敵に回さざるを得ませんでした。これが悲劇でした。

そこまで追い込まれたのにはさまざまな理由がありますし、日本の上層部には文句を言いたい人もいます。ただ、いずれにしても、本当に大国と呼べるのは日本とアメリカだけという時代があったということを、ぜひ若い人には知ってもらいたいと思います。

第五章

米ソ対立のはざまで輝いた戦後の日本

◉占領軍から日本語を守った重光葵の気概

日本はポツダム宣言を受諾して戦争を終えました。ポツダム宣言には「我らの条件は、次の如し」といって、日本に対する十三条の降伏条件が書かれています。ですから、日本は無条件降伏をしたわけではないのです。ポツダム宣言に並べられた条件を受け取ったわけですから、これは条件降伏です。

その条件の一つに「日本軍の武装解除」ということが書かれています。武装解除させるのは日本政府であって、連合軍ではありません。ところが、すっかり武装解除した後で、おそらくアメリカの意向もあったのでしょうが、マッカーサーは「日本は無条件降伏した」ということにしてしまったのです。「無条件降伏はしていない」と言っても、すでに武装解除されていますから何もできなかったのです。

その時、外務省の中には気骨のある人がいて、「決して無条件降伏ではないはずである」と主張した人がいました。荻原徹という人です。この人は外務省の要職にありましたが、アメリカやマッカーサーの意に反して根本的な誤りを指摘したため、出世が止まりました。ただ、日本の政府の中にはそれを知っている人がいましたから、のちにフランス大使になっています。

私はこの荻原さんとしばしばご一緒する機会がありましたが、その時はもう何にも語らず、黙々とワインを飲むだけの人になっていました。そういう姿を見ている外務省の人たちは、きっと上の意向に逆らってはだめだという気になるのでしょう。

しかし、重光葵さんなどは堂々としていました。昭和二十（一九四五）年八月十五日にポツダム宣言を受諾し、天皇陛下のお言葉がありました。その後九月二日に東京湾にやってきたアメリカの戦艦ミズーリ号の甲板上で、日本は正式に降伏文書に署名しました。法律的に言えばあれは停戦文書ですが、降伏したのと同じことですから、降伏文書と言っています。

調印式には政府からは重光葵《しげみつまもる》外務大臣、軍からは参謀総長の梅津美治郎大将が代表して出席し、重光さんが降伏文書にサインをしました。その時に重光さんが詠《よ》んだ歌があります。こういう歌です。

「願はくば　御国の末の　栄行き　吾名さげすむ　人の多きを」

自分はこれから降伏文書にサインをしに行く。これは日本の恥である。そんな文書にサインをしたヤツだと後世の多くの人が私を軽蔑するように、日本が栄えていってほしい――そんなことを詠《うた》っています。実に立派です。

重光さんは第一次上海事変の後に起こった爆弾テロで片足を失って義足にしていました。だから甲板に上るまでは大変だったようです。そんな苦労をして署名をして帰ってきてほっとしていたら、その夜に大阪の公使館から慌てて人がやってきました。降伏文書に調印した後、マッカーサー司令部のサザランという人が、「九月三日から日本の公用語は英語にする」「通貨はB軍票にする」と命令してきたというのです。軍票というのは占領地でお札の代わりに使うもので、日本も占領地では日本の軍票を使っていました。

重光さんは驚いて、すぐにマッカーサーに面会し、「そういうことをやってはいけない」と説得しました。会談の詳しい内容はわかっていませんが、重光さんは「占領軍が直接統治をすれば必ずごたごたが起こる。それはすべて司令官のあなたの責任になりますよ。日本の政府に任せてくれればきちんとやります。我々は降伏したけれど、日本中のどこでも爆弾一つ爆発していないし、発砲事件も起こっていません。日本政府には統治する力がある。だから任せてください」といったことを述べたようです。

それを聞いてマッカーサーも納得して、その場でサザランに電話をして「命令を取り消せ」と命じました。それで九月二日の夜に出た命令が九月三日に撤回されたのです。この出来事はあまり語られていませんが、もしも通っていたら大変だったでしょう。一度公用語が英語になれば、簡単には元に戻すことができなかったはずです。というのは、それで得する人がたくさん出ますから、既得権を離さなくなるのです。重光さんにはそれがわかっていたのでしょう。実に迅速な行動でした。

重光さんは東京裁判ではA級戦犯になり、禁固七年を言い渡されました。しかし、昭和二十七（一九五二）年四月二十八日にサンフランシスコ講和条約が発効され、日本が独立すると共に恩赦によって刑の執行は終わりました。するとすぐに外務大臣になりました。

昭和三十一（一九五六）年十二月十八日に日本が国連に加盟する時には、代表としてニューヨークへ行き、国連総会で加盟受諾演説を行いました。その時に、「日本は東西の架け橋になりうる」という名演説をやって、拍手喝采を浴びました。

そして、日本に帰ってきて二か月もたたないうちに、やるべきことはすべてやったと言って亡くなるのです。重光さんの死を悼み、国連では黙禱が行われました。A級戦犯で有罪だった人の死を悼んで黙禱をしたのです。

当時は立派な人がたくさんいました。重光さんをはじめ、首相を務めた吉田茂さんとか芦田均《ひとし》さんとか、みんな堂々としていました。

吉田さんは敗戦国の首相ではありましたが、外交的なセンスがありました。GHQ

（連合国軍最高司令官総司令部）は大きく二派に分かれていました。チャールズ・ウィロビー少将が部長を務める参謀第二部（G2）はどちらかといえば保守的、コートニー・ホイットニー准将が局長を務め、チャールズ・ケーディス大佐が局長代理を務める民政局（GS）は左翼的でした。吉田さんはそこにすき間があるのを見て取って、ウィロビーに話をしてマッカーサーのOKを取るというやり方をしました。

吉田さんほど悪口を言われ、風刺マンガの材料にされた人は戦後いなかったと思いますが、国民はなんとなく「吉田さんはよくやっている」とわかっていたと思います。マスコミの間では散々でしたが、国民の間には吉田人気というのがありました。

◉戦前・戦中よりも厳しかった占領下の言論統制

一方で、占領下の日本では制限されることも多々ありました。昭和二十（一九四五）年九月二日の降伏文書への調印から講和条約が発効して日本の独立が回復する昭和二十七（一九五二）年四月二十八日までの約六年半、日本は完全にアメリカの支配下にありました。内閣は重光さんのお陰もあって日本人がやっていましたが、内閣の上に連合国軍総司令官総司令部、いわゆるGHQがありました。総司令部の命令と言われると、内閣は無力でした。アメリカの進駐軍は「日本は自由だ」と言っていましたが、実際は厳しい言論統制がありました。ある意味では、戦時中よりもひどかったと思います。

あまり知られていませんが、日本は戦争の真っ最中の昭和十七（一九四二）年に総選挙をやっています。総選挙では非推薦議員という、「この人は望ましくない」という人たちもたくさん当選していました。日本には戦前から民主主義が根づいていたのです。ある程度の言論統制はありましたが、それは幼稚なレベルで、望ましくない本が出ると××と伏せ字をして読めなくする程度でした。逆に××の内容を想像して読むのを楽しみにしている人もいたくらいです。

占領軍の言論統制はそうではありません。消した箇所がわからないように文章を詰めろというのです。新聞はそんなことはできませんから、そういう命令を受けると、その日の新聞は発行できなくなりました。そのうち新聞は自主規制をするようになりました。命令の何倍も強く表現を抑えてしまったわけです。

そういう状況下で東京裁判が行われました。今から見ますと、東京裁判は当時の日本において唯一言論の自由がある空間でした。裁判の形をとったものですから、弁護士には言論の自由がありました。もっともアメリカ人のスミス弁護人のように、裁判官を追い詰めて首にされたような人もいます。

しかし、原爆を落としておいて日本を裁くとは何事かというようなことをはっきり言うアメリカ人弁護人もいました。ベン・ブルース・ブレークニー弁護人です。彼は「東京裁判の趣旨そのものがおかしい」と言って、「もしもハワイの司令官が戦死したのが日本側の殺人だと言うならば、原爆を落としたのはどうだ。我々は、原爆を投下した者の名前を挙げることができる」と堂々と言っています。

ただ、そう言った途端、同時通訳が途切れるのです。私は雄松堂書店から出ている『極東国際軍事裁判速記録』という百科事典ぐらいの大きさの十巻本を持っていますが、それを見てもブレークニー弁護人の言葉は載っていません。それがあるとわかったのは、『東京裁判』というドキュメンタリーフィルムの中で、ブレークニー弁護人が原爆を落としたほうがおかしいと言っているシーンを見つけたからです。

東京裁判では、ブレークニー弁護人をはじめとする弁護人たちが実に堂々たる議論を行いました。しかし、それは日本人の間に広がりませんでした。とにかく新聞もラジオも占領軍によって押さえられていますから、発表しても差し支えないと判断されたことだけしか伝わらなかったのです。ラダ・ビノード・パルというインド人の判事が書いた「パル判決書」などは東京裁判でも読むことが許されず、出版することも許されませんでした。『東京裁判全記録』にしても『パル判決書』にしても、日本が独立を回復してから初めて出版されています。

東京裁判を研究すると、日本無罪論のほうが強いのですが、にもかかわらず当時のアメリカ軍の方針として「日本人に罪悪感を植え付ける」ことが最高至上命令としてありました。とにかく戦前の日本は悪かったという罪悪感を埋めこむことを目的としていたのです。

それと関連してマスコミ指令というのが三十か条ぐらいありました。この中には今から考えるとお笑いみたいなものも含まれています。「東京裁判を批判してはいけない」というのはわかるとしても、「朝鮮人の悪口を言ってはいけない」「シナ人の悪口を言ってはいけない」「日本の戦いが正義であったと言ってはいけない」というようなことまで事細かく指示しています。

そういう厳しい統制が続いたため、戦後の日本人は、二言目には「そんなことを言ってもいいんですか」という癖がついてしまいました。普通の人が言うならばともかく、新聞がそんなことばかり気にしていたのでは新聞にならないわけです。

◉日本を裁くための二つの根拠

東京裁判の結論は、昭和三（一九二八）年からの日本が全部悪かったということでした。全部というのはこういうことです。ドイツを裁くためにニュルンベルク裁判が行われました。ニュルンベルク裁判ではナチスを裁きました。ナチスはいつ結党されて、いつ終わったか、誰がリーダーで、そのメンバーは誰か、みなわかっています。だから、ドイツ民族とかドイツ政府を裁いたわけではなく、ナチスの戦争犯罪を裁いたのです。

私がドイツに留学していた時、戦前の軍人が颯爽としているのを見ました。たまま寮の神父さんの知り合いで空軍中将という人がいました。その人に連れられて劇場などに行く時でも堂々としていました。その当時、日本で中将だったような人たちは、倉庫番をしたり田舎に隠れていたりしていましたから、あまりの違いに驚きました。なぜなのかと後で聞いたら、ドイツ軍はニュルンベルク裁判で裁かれていないのだと言われました。裁かれたのはナチスだけだったのです。

ところが、東京裁判では、政府も軍も政府機関もすべてが裁かれました。ここがドイッと決定的に違うのです。だから、東京裁判を認めるということは、昭和三年以降の日本がすべて悪かったと認めることになります。こんな滑稽なことはないとパルさんは言っています。

昭和三年は政友会の田中義一内閣でした。田中内閣が総辞職した後は、民政党の濱口雄幸内閣になりました。政治の方針は正反対です。そのような具合に、東條内閣まで十回以上も政権が変わっています。東京裁判によれば、十回以上も変わった政権が終始一貫して共同謀議をして、アジアを征服し、次に世界を征服するという計画をもって動いていたというわけです。

そんなことはありえません。外交政策にしても逆の考え方の人がいましたし、首相の中にも戦犯から外れている人がいます。それなのにどうして共同謀議をすることができたのか。全くナンセンスと言うしかありません。しかし、とにかくそれで裁くと決めたのです。ここが非常に重要なところです。

では、なぜ昭和三年から始まったかというと、理由はおおよそ二つあります。

一つは、前にお話しした田中義一首相が天皇に出したという上奏文です。これはインチキ文書ですが、日本を除く世界中に出回りました。そこには日本が朝鮮を征服した後で満洲に出て、次にシナを征服して、最終的には世界を征服するという計画が書かれていました。それを田中首相が天皇に上奏したというのですが、日本でその文書を見た人は一人もいません。存在しないのですから見た人がいるわけはないのですが、なぜか英語・ドイツ語・フランス語・シナ語に翻訳されて世界中に出回っているのです。

その時、日本の上層部はバカバカしいと思っていたことでしょう。だから、事態を深刻に捉えなかったのだと思います。放っておけばいいと思うのが普通です。それも当然なのです。翻訳された文書を見ると、日本の世界征服計画を決定した会議にはすでに亡くなっていた山縣有朋が出ていることになっていたからです。これだけでも偽物だということははっきりしています。日本人から見ればお笑い種《ぐさ》です。

しかし、外国の人たちはそんなことは知りません。それより日本が世界征服を企んでいるというほうに注目しました。だから、意外なほど効き目があったのです。嘘でも広まれば力になるということです。

ルーズベルトは、田中上奏文を理由にして日本は滅ぼさなければならないと覚悟を決めたと言われています。確かに、その後のルーズベルトの動きを見ると、その覚悟で動いていたことがよくわかります。それは嘘ではなかったと思います。

もう一つの理由は、日本が不戦条約に違反したということです。不戦条約とは、第一次大戦後に締結された条約で、戦争は悪いものだから放棄し、紛争解決は平和的手段によることを取り決めた条約です。これはケロッグ＝ブリアン条約ともいいます。ケロッグというアメリカの国務長官と、ブリアンというフランスの外務大臣が提案したものだからです。

東京裁判では、日本がこの条約に違反して戦争を始めたと言われました。しかし、これは裁判の中ではっきりと否定されています。そもそもケロッグさんがこの条約を締結した時、アメリカ議会は批判しているのです。戦争が悪いなんてアメリカ人は思っていないからです。その批判に対してケロッグさんは、悪いのは侵略戦争であり自衛の戦争なら構わないと弁明しています。では、侵略戦争か自衛の戦争かはどこで判断するのかというと、それは主権国家が自主的に判断するというわけです。一方、侵略というのは国境を越えて敵が攻めてきたというようなものだけでなく、経済的に圧迫を加えたりするのも侵略だと言っています。

この考え方を持ち出せば、日本を不戦条約違反に問うことはできません。実際、日本側の弁護人もパル判事も、そんなことは通用するわけがないと言っています。これによって検察側の主張は完全に葬られたと思います。

それから、日本はワシントン会議の時に結んだ九カ国条約に違反したという話もありました。これもすでに述べましたが、九カ国条約は簡単に言えばシナの権益に関係がある九カ国が条約を結んで、これからはシナには手を出さないことにしようと決めた条約です。ただ、その目標は日本でした。フランスやイギリスはすでにシナに利権を持っていましたが、それを放棄するわけではないのです。既存の利権は現状維持にして、これ以上は手を出さないことにしましょうというわけです。つまり、「日本よ、シナには手を出すな」と言っているわけです。

当時は、シナのためのマグナ・カルタと言っていました。日本は昭和十一（一九三六）年頃に九カ国条約を破棄しました。それが悪いと言われたわけですが、離脱は合法的なものでした。この条約には期限が決まっていないうえ、条約で決めた約束をシナ側は全然守らず、軍備を勝手にやり始めました。また、九カ国条約に入っていないソ連が強大な軍事力で極東に進出してきて、条約を結んだ時とは状況がすっかり変わってしまっていました。だから、日本はこれを守ることはできないといって破棄したのです。

そういうわけで九カ国条約違反も日本には当てはまらない。本来、それで日本を裁くことはできなかったはずです。

◉日本を有罪にすることが決まっていた東京裁判

しかし東京裁判はとにかく日本を裁くことが目的でしたから、犯罪事項として挙げられた理由は国際法とは関係ないのです。それはすべてアメリカを中心とする検事側と、アメリカの参謀本部が相談して決めた罪状です。国際法などの法律に照らして「この法律で裁く」というのではなかったのです。検事側が起訴する条項があって、それで裁くために「人道に対する罪」「平和に対する罪」などの法律がつくられたのです。要するに、初めから日本を有罪にすることは決まっていたわけです。

それでも検察側の主張は至るところで木っ端みじんに砕かれました。その結果、七人だけを死刑にして、後は刑を軽くしたり、無罪にしたわけです。その七人も、東條さんは首相として別格ですが、他はほとんど間接的に捕虜虐待に関係があったとみなされた人たちです。捕虜虐待だけは罰しやすいと考えたのでしょう。だから、南京で虐殺があったというので、それに関係のあった人として軍司令官の松井大将や当時の外務大臣だった広田弘毅などが死刑に処せられています。

同じように捕虜虐待の罪でビルマ方面軍司令官の木村平太郎や第十四方面軍（フィ

リピン）の参謀長だった武藤章が死刑になっています。死刑になった人は直接間接に捕虜虐待の容疑をかけられているのです。これは日本国外で行われた裁判も同様で、第十四方面軍司令官の山下奉文《ともゆき》大将が死刑判決を受けています。また、捕虜収容所で捕虜にお灸をやっていたら火をつけたと言われて死刑になったり、ゴボウを食べさせたら木の根を食わしたと言われて死刑になるなど、ナンセンスな理由で死刑になった人もいます。

南京の事件については、今では市民の殺害はゼロに近かったことが証明されていますが、当時は調べようもなく、弁護側も十分に弁護できませんでした。たとえ虐殺があったとしても数はそんなに多くなかっただろうと弁護側は主張しましたが、正確な数を出す資料もなかったのです。

考えるまでもなく、外務大臣が虐殺に手を下すわけもないし、命令するわけもありません。にもかかわらず、外務大臣だったから監督すべき責任があったはずだという理屈で広田さんは死刑になりました。一事が万事、そんな具合だったのです。

我々は、そもそも東京裁判は裁判ではないと言わなければなりません。理由は簡単です。判事も検事も全員が日本と戦った国から出ているからです。これはわかりやすく言えば、山口組と一和会が喧嘩をして、山口組が勝った。勝った山口組は一和会の幹部を山口組の若頭十一人が揃ったところで裁いたというのと同じです。最初から公平な判断が下せるわけはないのです。

東京裁判の裁判官が中立国から出ていたら、死刑囚どころか主な犯罪者も出なかったと思います。本来、あることを裁こうとすれば、勝ったほうにも負けたほうにも同じ尺度をあてなければいけません。そしてその場合、勝ったほうが悪いことが多いのです。戦争だからどちらにも言い分があるわけですが、この前の戦争について言えば、私は七分三分で向こうが悪かったと思っています。

例えば、アメリカは東京大空襲で一晩に十万人の市民を殺しているのです。また、アメリカは原爆も二度落として、二十万人以上の市民を殺しています。これらは人類始まって以来、最大の無差別殺人です。アウシュビッツだって十万人を殺そうとしたら何か月もかかります。それに匹敵するようなことを何回もやっているのに、不問に付されているわけです。

東京大空襲などは初めから殺すつもりで、ぐるりと焼夷弾を落として逃げられないようにして、その真ん中に爆弾を落としていきました。私は戦後の上智大学に入りましたが、戦前からいる外国人の神父もあれは殺戮であったと言っていました。上智大学のある四谷あたりでは、ガソリンを撒いて焼夷弾を落としたのだと。上智大学は大体焼けましたが、隅にあった神父館だけは焼けなかったのです。だから、その神父は燃え盛る麴町の火の光で聖書を読んで、死者のために弔ったと言っておりました。

幸いだったのは、私が戦後に上智大学に入った時に、戦争の頃にいた外国人の神父たちが生きてそこにいたことです。イギリス人やアメリカ人の神父は帰国していませんでしたが、中立国あるいは同盟国の神父が残っていたのです。その人たちは東京裁判をカンガルー裁判（cangaroo court）、いかさま裁判だと言っていました。

それなのに日本人は、「東京裁判は正義だ」としか報道できなかったわけです。当時の新聞やラジオは嘘だと言えなかったのです。これは許さなければいけません。

東京裁判について、今の国際法学者はみな、「あれは裁判ではない」と言っているそうです。

◉昭和史を見るための二つの視点

東京裁判で有効なことを言っているのは、インドのパル判事だけです。『共同研究パル判決書』（講談社学術文庫）という二巻本が出ています。昭和史を勉強しようという人は絶対に読まなければならない本です。

先ほども言いましたが、検事側は昭和三（一九二八）年から日本を告発しています。すべて共同謀議だと言っているわけです。だから、日本を弁護しようと思えば、昭和史全体を検討しなければならないのです。パルさんはそれをやったので判決書が本二冊になるほどの量になったわけです。パル判決書そのものが一種の昭和史になっていると言ってもいいでしょう。

昭和の日本の歴史を見るには二つの見方しかないのです。パル判決書に沿ったような見方か、東京裁判で検事側が言っているような見方かのどちらかです。戦後のジャーナリズムの主流派は、東京裁判の検事側の見方で昭和の歴史を見ています。本当はパル判事のような見方をするべきなのですが、それはまだ少数派です。しかし、時間が流れれば必ずパルさんのほうが正しいとなると私は確信しています。

パルさんはガンジー主義者で戦争絶対反対主義者だから、パルさんを使って日本の戦争を弁護しようとするのはけしからんと言う人がいますが、おそらくパルさんの判決書を読んでいないのだと思います。

近代国家において、裁判官は決して自分の信条でジャッジしてはいけないのです。一六四八年に締結されたウエストファリア条約以降、文明国では公の事案について宗教的な考え方や人生観を入れてはいけないことになっています。これを啓蒙主義というのです。哲学者のカントが『啓蒙とは何か』という文章を書いていますが、そこで「宗教とはいかなる大きな団体でもプライベートなものであり、政治と裁判はパブリックである。それを混合してはいけない」というようなことを言っています。それは世界の文明国では確立した考え方です。

だから、パルさんがどんな人生観を持っていたかは全く問題にならないのです。パルさんは判事として国際法に照らして見て、日本人は全員無罪であるとしたわけです。ところが、パル判決書を読まずにパルさんの伝記だけを読んだ人は、パルさんはガンジー主義者だったから東京裁判をパルさんの意見で弁護してはいけないという的外れなことを言うわけです。

私はかつてドイツに留学していた時に、プライベートな信条をパブリックに入れてはならないというあり方に疑問を持って、法学部の連中と議論したことがあります。「カトリックでは堕胎は絶対に許さないけれど、もしも自分が裁判官で、法律で堕胎を認めるとなったらどうするのか」と聞いたのです。そうしたら「何を馬鹿なことを言っている。裁判官は自分の主義主張、宗教観とは全く関係ない。裁判は法律でやるものだ。そんなことはウエストファリア条約の時から決まっている」と言われ、なるほど、これが文明国というものかと感心しました。

そういうわけで、一六四八年以来、文明国の戦いで政治が宗教に口を出すことはなくなりました。アメリカはイラクの政治を民主化すると言っていますが、イスラムには絶対に口を出しません。宗教に口を出してはいけないとわかっているからです。たった一つ例外が、敗戦直後の占領軍の神道指令です。これは神道だけを特別に悪者扱いしたのです。

例えば、古いカトリックの街である長崎で、長崎市が金を出して教会で催しをやっても誰も文句を言いません。新聞も共産党も文句を言いません。ところが、慰霊祭に市が金を出すと、すぐに騒いだり訴えたりというようなことを始めます。これはすべて神道指令に基づいています。神道指令はマッカーサーが生きていたら一番に恥じなければならないことだと思います。

占領下で行われた東京裁判は、すべて検事側の言い分だけが報道に流れました。しかし、占領が七年間近く続くと、それが正しいという気分になるのです。その結果として、大多数の日本人の間に東京裁判史観が根づくことになってしまったのです。

パルさんは日本が独立回復した後、招待されて何度か来日しています。ある時、長崎で講演をして、東京裁判の傷は長崎の原爆よりも長い間日本を傷つけるであろうという趣旨の話をしました。事実、そうなってしまったように思うのです。

◉公職追放が残した深い傷跡

ある意味では東京裁判以上に重要で、東京裁判よりもさらに長く日本を傷つけているのではなかろうかと思うのが公職追放令です。

先に述べたように、マッカーサー司令部の中には、ウィロビーという軍人が部長の、アメリカの政権で言えば共和党みたいな考え方の参謀第二部（G2）と、左翼的で、民主党的な民政局（GS）の二派がありました。フランクリン・ルーズベルト大統領の周囲にはコミンテルンが多数いて、のちに告発されたとお話ししましたが、その人たちが告発される以前、日本の内政を指導した民政局にいたのです。

民政局はホイットニーという人が局長で、その下で采配を振るったのがケーディスという人です。しかし、この人たちは日本のことをそれほどわかってはいませんでした。そこで誰を使ったかというと、ハーバート・ノーマンという人です。ハーバート・ノーマンはお父さんも宣教師として日本に来ていました。非常に立派で、尊敬された牧師だったようです。

その関係でノーマンは日本に生まれて日本に育ちました。日本語は日本人と同様にできます。頭もよく、のちにケンブリッジ大学に入学し、そこで共産党員になります。彼はカナダ人で、カナダの外務省に入るために共産党員であるということは伏せていたようです。実際に、活動もあまりしなかったと思いますが、考え方は共産党員だったのでしょう。

このノーマンは日本にいる時に個人教師をつけていました。羽仁《はに》五郎という人です。羽仁五郎は歴史家で、代表的な日本の左翼論者です。この人の指導の下でノーマンは日本の明治維新前後の歴史をテーマに論文を書いて、ハーバード大学で学位を取りました。日本語がぺらぺらで、日本の歴史がよくわかっていて、学位も取っていて、カナダの外交官ですから、日本の内政について聞くならこの人が一番だろうと、マッカーサー司令部は彼を呼びました。そして、カナダ人であるにもかかわらず、民政局の一番重要な地位の一つを与えたのです。

私は、この人が公職追放令の名簿をつくる中心にいたのではないかと考えています。この人以上に詳しく日本の内政をわかる外国人はいないからです。

また、このノーマンの一番友達は、ハーバード大学の共産党仲間の都留重人という人でした。のちに一橋大学の学長になる人です。羽仁五郎、都留重人、ハーバート・ノーマン、この三人が集まれば、日本の戦前の焼却すべき本を選ぶことも簡単にできたでしょう。七千点ぐらいのリストがあって、リストに載っていた本は個人所蔵のものは別として、すべて廃棄処分になりました。秦の始皇帝だって、そんなにたくさんは焼いていません。

同時に、大学の教員を公職追放に入れたわけです。公職追放に引っ掛かった人は二十万人以上います。その中には、単に大きな会社の社長だったというので引っ掛かった人もいます。例えば日本銀行の総裁とか理事だった人は自動的に公職追放されてしまいました。後に残ったのは、理事になりたての大阪支店長一人だけでした。戦後、日銀の天皇と言われた一萬田尚登《いちまだひさと》という人です。

日銀にとどまらず、どの会社も同じようなものでした。『三等重役』という源氏鶏太が書いた本がありましたが、大きい会社では一番若いほうの取締役を一人残して、上層部はみな公職追放で飛ばされてしまったのです。ある意味ではそれが若返りに繋がってプラスになることもあったと思いますが、当時は大変だったのです。松下幸之助ですら公職追放に引っ掛かっているのです。

もっと重要なのは、思想界やジャーナリズムです。学会の誰を公職追放すべきかなどはアメリカ人には全くわかりません。その選択は、ハーバート・ノーマン、都留重人、羽仁五郎あたりがやったのでしょう。

公職追放で教授たちが飛ばされると、主要大学のポストに空きができました。その空きを埋めたのは、戦前、帝国大学を辞めさせられた人たちです。帝国大学は天皇が建てたという大学ですから、日本の国体を損じるような思想の人を追及する声がありました。「天皇の大学でそういう思想はまずいのではないか」というわけです。

蓑田胸喜《みのだむねき》という人がいます。この人は痛烈な弾劾運動をやりましたが、帝国大学の先生しか追及していません。私立大学は天皇の建てた大学ではないから、勝手でいいというわけです。しかし、天皇が建てた大学で皇室を否定するような意見を述べてはいけないというのが、彼の主張だったようです。そのために帝国大学を辞めた人が何人もいます。この人たちがみな大学に復帰してきたわけです。

前にもお話ししましたが、改めて触れておきます。例えば、東大で長い間、名総長と言われた矢内原忠雄先生です。この人はこちこちのプロテスタントです。プロテスタントも人によりけりですけれど、この人は日本の神様が嫌いだったのです。日本の神様が嫌いな人は必ず皇室嫌いになります。事実、論文の中に「神よ、日本を滅ぼしたまえ」というようなことを書きました。それを批判されて、追放される形で東大の教授を辞任しました。

それから、瀧川幸辰という人は京都大学法学部の教授で、無政府主義の刑法を教えました。無政府主義の刑法とは、簡単に言えば、悪いことをするのは政府が悪いからだという考え方をするわけです。これは当時の文部大臣が「いくらなんでも帝国大学で教えたらまずいんじゃないか」と言い、「教科書の中身を変えてほしい」と頼んだら聞き入れずに辞任しました。別に罰せられるわけではありませんから、辞めた後は弁護士をしたり私立大学で教えていました。

しかし、当時の帝国大学の先生たちはプライドが高くて、文部省から文句を言われたことに腹を立てる人がたくさんいました。そういう人たちが十数人、瀧川さんと一緒に辞めてしまいました。いわゆる瀧川事件です。

この瀧川さんも公職追放で空いたポストに戻ってきました。そして京都大学の法学部長になり、のちには総長になりました。

それから東大の経済学部では、大内兵衛さんという方がいます。この人も戦前に人民戦線事件で検挙されて大学にいられなくなりました。戦後になると復帰して法政大学の総長になり、日本政府の経済関係の委員会の総元締めみたいな存在になりました。

このように、戦前、牢屋に入っていたり、帝国大学にいられなくなったような先生たちが、戦後になると全員、凱旋将軍のように復帰してきたわけです。この人たちは戦前の日本は暗黒で、東京裁判は万々歳と考えていた人たちです。そういう人たちが全員、最有力な大学の総長になったのです。その結果どうなったか。戦後は日本中にたくさんの大学ができました。その新しい大学には新しい先生が行くわけですが、その主だった人たちは東大や京大の出身者でした。あるいは一橋大学や九州大学や東北大学といった旧帝国大学の出身者です。

そして、その人たちは昔ならば臭い飯を食っていたか、帝国大学の先生になれなかった人たちです。だから、戦前の日本は悪かったと口を揃えて言うわけです。そう言わなければ、大学の先生になれないからです。

そういう人たちは共産党と組んで、岩波書店の主流になりました。岩波書店は良書もたくさん出しています。だから一概には言えないのですが、思想、経済、歴史については完全に左翼的です。

こういう人たちの影響の強い東大や京大などで学んだ人たちは、官僚になったり、大会社に就職します。そして出世コースに乗ると、自分たちが若い頃に学んだことを学び直そうとはしないでしょう。だから、「戦前の日本は悪かった」という考えのまま出世していくわけです。

敗戦直後に上に立った人は「戦前は必ずしも悪くなかった、ただ、そう言えないだけだ」という感じがありました。例えば、東京裁判の弁護人だった清瀬一郎さんなどは、東京裁判がダメなことを三日で証明したぐらい優秀な弁護士でした。この人は衆議院議長になったりしていますが、なんだかんだ言いながら、日本の置かれた立場をよく理解していました。

ところが、時間が経つにつれて、左翼教育を受けた秀才たちが圧倒的に増えていきました。そうするといつの間にか、教科書も何も左翼に靡《なび》くのです。それが今に至ってもなかなか変わっていません。

だから非常に隠微なこともやります。例えばパル判事の判決書についてNHKが番組で紹介していました。なかなかいいことやってくれると思って見ていたら、判決書の中身にはほとんど触れませんでした。アメリカの原爆を批判したところはさすがに言っていますが、日本が侵略戦争に追い込まれたプロセスなどは完全に無視していました。そして、パルさんはガンジー主義者だったから、パルさんを使って東京裁判を論じてはいけないというところに結論を持っていくのです。

それから、日本が宣戦布告せざるを得なくなったハル・ノートも、「これがハル・ノートです」と実物を出して見せました。いいじゃないかと思ったら、ハル・ノートで日本が戦争を決心したということだけを言って、ハル・ノートはハルさんが書いたものではなくて、のちにコミンテルンのスパイだとわかって自殺した財務次官補が書き、国務省のプロセスを通り越してルーズベルトに渡したなどということは決して言いません。

これらは戦後の左翼教育が浸透して、いまだに拭い切れていないという一つの証拠と言っていいでしょう。

◉戦前・戦中の問題はいまだに時事問題である

これが今にまで及んでいることなのです。我々が気をつけなければならないのは、戦争中の問題でも戦前の問題でも、それは今の日本にとって依然として時事問題であるということです。例えば、南京大虐殺はもう七十年以上前の出来事です。それなのに近年、中国政府はアメリカのプロダクションに金を出して十本近いインチキ映画をつくらせています。今では明らかに嘘であることが証明されているのに、わざわざつくらせているのです。

だから、南京問題は依然として時事問題で、放っておけば日本人が大虐殺をしたことにされてしまうわけです。一種のプロパガンダです。それが非常に巧妙に行われています。例えば、先に申し上げた『東京裁判』というドキュメント映画には南京について言及している場面は含まれていません。ところが、そこにシナ政府がつくった南京虐殺を描いたインチキ映画の場面を入れているのです。それ以外はすべて正しいドキュメンタリーフィルムなのですが、南京の場面だけはつくりものなのです。何も知らずに見ている人が本物と誤解するように工作しているわけです。

南京事件で揺さぶると日本側の外交官も政治家も腰が砕けてしまうので、「これはいい手だ」というわけでアメリカのプロダクションに金を出して、次々にインチキ映画をつくらせているわけです。そんなことをされても、日本政府は「七十年も前の話だから事を荒立てないことにしよう」と何もしようとしないのです。これは田中上奏文が世界中に出回った時に何もしなかったのと全く変わりません。インチキだからと放っておいたために、日本は戦争に引き込まれることになったのです。

従軍慰安婦もそうでしょう。日本の軍隊が朝鮮の家庭に入っていって娘たちを強制連行してトラックに入れて運んだというような事実は一件もありません。あれは、朝日新聞の記者の奥さんが韓国人で、反日運動をやっていたその親から聞いた噂話か何かを新聞に書いたところ、それが本当のことになってしまったのです。さらに、泡を食った加藤紘一代議士や河野洋平代議士が謝ったために、事実と見なされるようになってしまったのです。

自分の国が嘘で批判されて謝るなんて世界中のどこの国もしません。日本は謝ったのだから事実なのだろうと世界中が思ったのです。その結果、「二十万人の朝鮮人女性を日本の軍隊は拉致《らち》して、セックススレイブにした」というデマが世界中に出回ることになったのです。これに対しても日本は有効な手を打とうとしていません。どうしてこんなことになったのかといえば、歴史の知識があまりにもなさすぎるからです。南京虐殺にしても従軍慰安婦にしても、過去の問題ではなく時事問題なのです。そして、放っておけば未来の問題になってしまう。それなのに何もしないのは、政府の怠慢としか言いようがありません。田中上奏文の時の失敗を思い出さなくてはいけません。今こそ歴史に学ばなければならないのです。

◉日本が受諾したのは裁判ではなく判決である

しかし、ここでもまた重大な問題が一つ隠されています。それはサンフランシスコ講和条約第十一条にある文言です。そこに"Japan accepts the judgments of the International Military Tribunal for the Far East and of other Allied War Crimes Courts both within and outside Japan"という文言があります。このjudgmentsを

外務省は「裁判」と訳しました。「日本は東京裁判を受諾した」と訳したのです。しかし、東京裁判を受諾するというのは意味が通りません。これは「東京裁判の諸判決を受諾した」と訳さなくてはいけない。重光葵禁固七年というような判決を受諾して、これを実行するということです。

東京裁判がまともな裁判でなかったことはすぐわかるわけですが、敗戦直後はその理解が鈍っていたのです。だから外務省は誤訳してしまったわけですが、第十一条の内容が「東京裁判の諸判決の受諾」であることは知っていたのです。

だからA級戦犯で無期懲役に処せられた人の恩赦を日本政府が発議して、第十一条後半にある「関係諸国と交渉して過半数の承諾を得れば罪を取り消すことができる」という趣旨の条文を使って、それを実行しました。その結果、日本には戦犯がいなくなったのです。だから、重光さんみたいにすぐに外務大臣になる人もいましたし、賀屋興宣みたいに法務大臣になる人もいました。ただ、A級戦犯で死刑になった人は生き返らすことができなかったということです。

ところが私が信ずるべき筋から聞いた話では、中曽根内閣の前後に当時の後藤田正晴官房長官と外務省の小和田恒条約局長が講話条約十一条の解釈を見直したというのです。なぜか。これは中国にしっぽを振るためです。どういうことかというと、日本は東京裁判を受諾して国際社会に復帰したのだから、東京裁判の内容を批判してはいけないというわけです。少なくとも政治家は東京裁判を批判してはいけないというふうになってしまったわけです。

私がびっくりしたのは、安倍内閣の外務大臣だった麻生太郎さんがテレビで「東京裁判を受諾して日本は国際社会に復帰したんだから」と発言したことです。私は麻生さんとの付き合いは長いのですが、これには驚きました。しかし、考えてみると外務大臣は外務省が言う通りに言わないといけないのでしょう。麻生さん自身の認識は違ったはずなのですが、外務大臣になった途端に「東京裁判を受諾して復帰したんだから」と言う。これは恐ろしいことです。

裁判を受諾するのと判決を受諾するのは全く関係ないのです。これは説明するのがなかなか難しいのですが、非常にいい例を出してくださった方がいます。それは戸塚ヨットスクールの戸塚宏さんです。戸塚さんのヨットスクールで生徒が死ぬという事故がありました。それで彼は傷害致死、監禁致死で告発されて有罪になりました。

戸塚さんはそれを認めず、最高裁まで争いましたが、結局有罪になりました。その時、彼は「自分はあんな裁判は認めないけれども、法治国家の国民だから刑には服する」と言って服役したのです。

刑務所に入ると戸塚さんは模範囚でした。模範囚はなるべく早く出そうとするので、彼には何度も刑期を短くしようという提案があったそうですが、そのたびに断っているのです。刑期を短くするという提案だから、普通はみんな喜ぶでしょう。しかし、彼はその手続きが気に食わなかったのです。

刑期を短くするためには、あの裁判を受け入れて、「反省しております」と言わなければならない。しかし、自分は傷害致死、監禁致死に該当するようなことはやっていないのだから、そんなことは言えないというわけです。事故があったのは確かだから、業務上過失致死ならどんな判決でも受け入れるけれど、傷害致死や監禁致死は受け入れられないということです。だから彼は満期まで勤めて出てきたのです。

これはわかりやすい例です。裁判は認めないけれど、判決は法治国家の国民として認める、と。判決文を無視して逃げたのでは法治国家の人間とは言えませんから、不満でも判決は認めなければならない。ただし、その内容を認める必要はない。だから冤罪《えんざい》を最後まで争ってもいいわけです。

日本は敗戦国ですから、東京裁判は認めなくても、判決は受け取ったわけです。第十一条はjudgmentsと複数で言っているのですから、これは判決です。諸判決は受け取ったわけです。そして、その判決を実行しました。その間に関係各国と交渉して、

第十一条の条文に従って全員を解放したわけです。助けることができなかったのは死刑になってしまった人たちです。しかし、この人たちも仮に無期刑であったとしたら解放されていたはずです。

日本は、東京裁判は受諾していない。受諾したのは判決だけです。外務大臣が「日本は東京裁判を受諾して国際社会に復帰したのだから、東京裁判の批判はしてはいけない」なんて言えば、日本は永久に世界に頭が上がらなくなります。我々はあくまでも、パル判決書が正しいと言わなくてはいけません。パルさんだけが、法律面から、そして事実の面から日本に罪があったのかどうかを探求したのです。

◉「日本は悪くなかった」とアメリカに気づかせた朝鮮戦争

戦後は東京裁判によって都合がよくなった人がたくさんいました。これを敗戦利得者と言います。左翼的な人はみなそういう感じでした。この人たちは日本が一番恨みに思うべきスターリンを尊敬しました。スターリンは一方的に日ソ中立条約を破って満洲に入り込み、暴力の限りを尽くし、満洲の悲劇、対馬の悲劇、樺太の悲劇を生みました。それこそ国際条約違反です。ところが、戦後の日本ではスターリンの意見が正しいみたいな風潮が強かったのです。

それを一変させたのが朝鮮戦争です。マッカーサーはフィリピンで日本と戦って負けていますから、日本人は悪い奴らだから裁かなくてはいけないという意思を持ってやってきました。しかし、日本に滞在していて日本を知るにつれて、日本人はなかなか立派だと思うようになり、日本に同情的になりました。そんなところに朝鮮戦争が起こるのです。

朝鮮戦争の背後には明らかにスターリンの意思がありました。それを受け継いだ北朝鮮の金日成、それを応援した中国の毛沢東が三十八度線を越えて攻め込んできたわけです。なぜそんなことをしたのか。これには非常に明快な理由があります。当時、アメリカのアチソン国務長官が講演で「アメリカの防衛圏は日本・沖縄・フィリピン・アリューシャン列島である」と言いました。そこに朝鮮半島を含めなかったのです。それを聞いて「しめた」と思った金日成が攻めてきたわけです。朝鮮半島にはアメリカ軍がいましたが、釜山まで押しまくられて朝鮮半島から追い落とされるところでした。そこでマッカーサーが仁川から再上陸して、北朝鮮を三十八度線の向こうまで押し戻したのです。

そのプロセスにおいて、アメリカは目覚めました。「これは東京裁判で弁護側が言っている通りじゃないか」と。東京裁判で弁護側が言ったことで取り上げられなかった条項がいくつかあります。その一つに、シナ大陸における共産主義の活動がありました。これが非常に陰険で悪質だったから日本が行動しなければならなかったという場面が何度もありました。しかし、弁護側がそれを訴えても一切取り上げられなかったのです。共産主義の活動は弁護の材料として取り上げないということが最初から決まっていたからです。

ところが気がついてみたらシナ大陸は満洲まで含めてすべてが共産主義になっていて、アメリカ軍も海に追い落とされようとした。そこで目覚めたのです。おそらく朝鮮戦争がもう二年ぐらい前に起こっていたら、アメリカは東京裁判を途中で打ち切っていたと思います。

実際、朝鮮戦争が起こると、突如として講和条約を結ぶ話が浮かび上がってきました。朝鮮戦争が始まったのが昭和二十五（一九五〇）年六月下旬です。そして、その秋には平和条約を結ぶ話が出て、翌年の九月八日にはもう締結されています（発効は一九五二年四月二十八日）。あっという間の出来事でした。

アメリカが当初計画していた日本占領政策では、二十五年ないし五十年は統治を続けて、日本を完全に骨抜きにしてしまうはずでした。インディアンのように、一切反乱を起こさないような国にしようと考えていたのです。

私には高校二年、当時でいえば中学五年生の時の鮮やかな記憶があります。私のいた旧制中学には三クラスあって、二クラスが理科コース、一クラスが文科コースでした。そして私は理科コースに在籍していました。

戦後になると理科コースの物理の先生が復員してきました。この方は東北大学工学部を出て、雷電という飛行機のプロペラを担当していた工学者です。この先生が授業でエンジンの話をしていた時に脱線して、こんなことを言いました。

「君たち、今頃、理科コースに来たってつまらないよ。これからの物理の一番の芯は核物理だけれど、日本では核研究は絶対にやらせてもらえない。君たちも理化学研究所のサイクロトロン（加速器）がＧＨＱの命令で外されて東京湾に沈められた写真を見ただろう。それから工学の芯は飛行機だが、飛行機の製造も禁止されてしまった。だから、工学部に行こうと理学部に行こうと芯が止められているんだ。これから日本は農業国になるか、物をつくるとしてもせいぜい自転車までで、それを東南アジアに輸出する程度のことしかできないだろう」

それを聞いて全員が愕然としました。私は自転車が嫌なわけではなかったのですが、大学に行って自転車をつくるための勉強をするのはつまらないと思い、文科に移りました。私だけでなく、かなりの数の生徒が文科に移りました。

当時、モーゲンソー・プランというものがありました。これは戦後のドイツの占領計画ですが、それを見るとドイツも農業国にするという計画だったようです。日本もドイツも重工業をやらせると危険だから農業と軽工業の国にするというのです。

ところが日本に朝鮮戦争が起こったように、ドイツにはベルリン問題が起こりました。一九四八年六月にベルリンをソ連が包囲して封鎖してしまったのです。それで、ベルリンを助けるためにアメリカが飛行機で食糧などを送りました。これをベルリン大空輸などと呼んでいますが、この後すぐに西ドイツはモーゲンソー・プランから外されて、マーシャル・プランで重工業の復興をやり始めたのです。

当時のソ連とアメリカの対立は非常に危険でした。第三次大戦がいつ起こっても不思議ではないという感じでした。だから朝鮮戦争が起こった時、「日本の言う通りだった」とアメリカはすぐに理解したのです。

朝鮮戦争による特需で、日本は急に景気がよくなりました。輸出が盛んになり、鉄が売れるというので上智大学でもトイレの便器の金具が盗まれて、ひどく困ったことがありました。それぐらい景気がよくなったわけです。

何よりも重要だったのは、アメリカが日本を長期占領するという計画がご破算になったことです。そして朝鮮戦争の後でバタバタと講和条約が締結されました。この時は「日本は悪くなかった」とはさすがに言えませんから、日本を罰するのはやめて賠償金は取らないということになったわけです。それから後は、何でも自由にできるようになりました。

日本にとって朝鮮戦争はまさに神風でした。単に景気がよくなっただけではなくて、日本の占領政策が抜本的に変わり、早く独立させて西側につけたほうがいいということになったのです。

◉日本の独立回復に反対した人たち

サンフランシスコ講和条約の締結で、日本は独立を回復することになりました。ところが、講和条約の締結に反対する人たちがいました。その中心になったのは岩波書店に連なる人たちでした。東大の南原繁総長は、講和条約は全面講和でなくてはならないと言いました。全面講和というのは、講和会議に出席しているすべての国と講和を結ぶという考え方です。会議に参加している国のうち、日本と講和をしないと言っているのは、ソ連とチェコとポーランドの三か国だけでした。これらの国は日本が独立して西側に組み込まれることに反対の立場ですから、絶対に講和に賛成しません。それなのに、すべての国が入らない講和条約は結ぶべきでないというのは、日本の独立に反対しているということです。南原先生の全面講和論を支持したのは、日本共産党、日本社会党、それから進歩的文化人たちでした。

その時、慶應大学の小泉信三総長が「全面講和、全面講和と言うけれど、アメリカとソ連の話がつかない限りは、そんなことあり得ない。もし全面講和を言い続けるならば、今の占領状態がいつまでも続いてもいいということですか」というようなことを言いました。吉田茂首相も南原さんに腹を立てて「曲学阿世の輩」と言って非難しました。

独立を回復しないことには、国歌が歌えないし、国旗が立てられません。これらは占領中に緩和されましたが、初めは全く許されませんでした。さらに重要なのは、国外に大使館が持てないため、外交官がいないということです。それから輸出するにも輸入するにも、アメリカ軍の判をもらわなければなりませんでした。だから、とにかく独立するのが先決だというのは普通の人の発想です。

講和条約を結ぶ時、吉田首相はすべての党の代表が署名すべきであると各政党の代表者を誘いました。しかし、社会党と共産党は参加しませんでした。社会党と共産党の人たちは、明らかに日本の独立回復に反対だったわけです。独立後、それを反省したという言葉を聞いたことがありません。

こういう話があります。アメリカが独立する時、東部十三州が独立運動を起こしました。その時、「独立なんかしないで母国イギリスの植民地でいいじゃないか」と言った人たちがいたのです。その人たちはアメリカの独立解放後、全員がカナダに移りました。独立運動に反対だったのですから、独立してからそこに居続けることはできなかったのです。

だから私は、当時の社会党の人たち、共産党の人たち、東大の総長はじめたくさんの教授たちはシナ大陸にでも行ったらよかったのではないかと思います。ところが実際は、独立後も大きな顔をして、反省の言葉もありませんでした。

考えてみれば、左翼は進駐軍の最初の頃の方針が好きだったのです。だから、憲法改正も反対だし、教育基本法改正にも反対しました。反対しなかったのは占領下の進駐軍の命令だけです。それを守ろうとして今日に至っているわけです。

◉ソ連への恐怖から結ばれた日米安保条約

日米安保条約は講和条約を締結した時に同時に結ばれました。吉田首相が心配したのは、独立後のことだったのです。ソ連が極東に軍隊を集めていましたから、いつ攻められるかわからない。実際に東ヨーロッパではそれが起こっていたのです。そのうえ、ソ連は北海道の北半分は自分たちのものだと公式に主張していたのです。

ソ連が入ってくるという恐怖を今はみんな忘れていますが、当時のインテリはそれを一番に恐れていました。ソ連が入ってきたら必ず粛清裁判があります。その時に証拠となるのが、何を書いていたかということなのです。だからソ連の意向に反することは書かないというのが、当時の物書きたちの暗黙の了解だったのです。

では、どうすればソ連が入ってきた時にも安全か。それはコミンテルンが日本共産党に対して出した指示に沿うことです。これに沿って書いていれば、ソ連が入ってきても死刑にならないだろうということでした。

この意識については、なかなか告白する人もいませんでしたが、学習院大学の清水幾太郎先生が晩年、自叙伝のような文章をお書きになって、それが『諸君!』という雑誌に連載されました。それを読むと、昭和二十年代はいつソ連がやってくるかと怖かったから、捕まって粛清されないように、ソ連の意に反するようなことは書けなかったといったことが書かれていました。

だから、昭和二十年代に書かれた思想的な本はすべてソ連を恐れて書いていたと言ってもいいぐらいです。そして、その頃の一番の出版社はなんといっても岩波書店でした。新聞社ならば朝日新聞です。おそらく記者たちも同じことを考えて、記事を書いていたに違いありません。

そして吉田首相は、政治家としてソ連の動きを心配していたわけです。それでアメリカと安保条約を結んだのです。しかし、その時に結んだ安保条約は、簡単に言うとアメリカ駐留軍を占領下と同様に置くというものでした。どこを基地にしようが、そこで何をしようが、それはアメリカの好きにしていいという趣旨になっていたのです。

吉田首相はこれが日本にとって恥ずべき条約であると知っていました。だから、講和条約には一緒に行った人たち全員で署名をしましたが、「安保条約だけは自分が全責任を負う」と言って他の人には署名させなかったのです。とにかくソ連の侵入を防ぐことを第一の目的とした条約だったのです。

◉戦後日本の繁栄の基礎となった安保条約の改定

その後、岸信介さんが総理になった時に安保条約を改定しました。岸さんも旧安保条約は独立国のなすべきことではないとわかっていたのです。そして今でも、この時に改定された安保条約が続いているのです。

岸さんは東條内閣の商工大臣で、東京裁判ではA級戦犯にされました。独立回復と共に解放されて、公職追放令が終わった数年後に首相になりました。これはどういうわけか、私は非常に興味を持ちました。

岸さんは戦前、四十代にして商工次官、今の通産省の次官になりました。非常に頭が切れた人です。前に述べましたが、その時に岸さんが進めたのは国家社会主義体制でした。彼が商工省の中心になった頃は、先進国のブロック経済化が進んでいて、日本は立ち行かなくなっていました。岸さんは、戦争になったら総動員できるようにしなければいけないと考えました。そのためには国家社会主義体制をつくり、日本にある人的あるいは物的な全資源を動員できる仕組みにしなければいけないと主張しました。当時の日本の置かれた状況を考えると、それしかなかったのです。

岸さんは、東條内閣がアメリカとの戦争を避けることを第一の目的としてつくられたことを十分に知って、内閣に入りました。しかし、戦争になると、これはダメだと悟りました。サイパンが落ちたところで、商工大臣として戦争を継続させるだけの物資の都合がつかないことを強力に主張しました。それが結局、東條内閣総辞職の直接の引き金になりました。

岸さんは東大始まって以来の秀才と言われました。当時の東大には、普通法科、フランス法学科、ドイツ法学科、イギリス法学科がありましたが、この人はドイツ法学科でしたからドイツのことには詳しかったと思います。そして戦後、A級戦犯から解放されると、政界復帰する前に西ドイツに飛んでいます。当時の西ドイツは復興が急ピッチで進んでいて、奇跡の復興と言われました。首相はコンラート・アデナウアー、経済相はルードヴィヒ・エアハルトです。

岸さんはそれを見に行ったのです。そして、アデナウアーから基本的なことを学んだと私は推定します。というのは、岸さんは昭和三十二（一九五七）年に首相になりますが、私はその前にドイツに留学していました。政治は私の専攻と無縁でしたからアデナウアーという人についてはあまりよく知りませんでした。ところが、ちょうど当時テレビが出てきた頃で、知り合いの家に呼ばれて行った時に、アデナウアーが選挙に当選して記者会見をする模様を見ました。そこでアデナウアーは実にはっきり言いました。「外交ではとにかくアメリカとすべて足並みを揃えます」「経済は統制を外して自由経済でいきます」「共産主義とは妥協しません」と。

岸さんはこれを学んで帰ってきたのではないかと思うのです。アメリカと歩調を揃えてソ連と対決する、経済は統制を外していくというのは、まさに彼の主張の中心でした。ドイツと違ったところは、日本に主権のない占領下でつくられた憲法はつくり直さなければならないといったところだけです。

当時、岸さんのジャーナリズムの中での評判は最悪でした。先にも言ったように、ジャーナリズムはすでに公職追放令の穴を埋めた左翼の人たちで満ち満ちていましたから、評判が悪いのは当たり前です。しかし、それ以外の世界では「岸の言うことはもっともだ」と支持する人が多かったのです。そうでなければ、民主主義の国とはいえ、公職追放解除後、あれだけ短期間で首相になれるはずはありません。

幸いにも、岸さんが首相になった時のアメリカ大統領は共和党のドワイト・アイゼンハワーでした。それで岸さんはアイゼンハワーに会って、安保改定を取り付けたのです。その前の大統領トルーマンは安保改定には全く耳を貸しませんでしたが、アイゼンハワーは軍人出身ですから軍隊のことはよく理解していたのです。

アイゼンハワーと岸さんは意気投合して、一緒にゴルフをした写真が新聞に載りました。これを見た時のショックは今の若い人たちには想像できないと思います。それまで日本人は、アメリカ大統領のずっと下の位のマッカーサーですら天皇の上にいたという感じを持っていたのです。それが突如、アメリカ大統領と同じスポーツシャツを着てゴルフをやっているのです。これは衝撃的でした。あの写真を見た時、日本もアメリカと対等の国になったのだという実感がありました。それがゴルフだったものですから、日本は空前のゴルフブームになりました。

岸さんの安保改定は真っ当な決断でした。だからこそ戦後日本の繁栄があるのです。安保改定が基礎にあって、今日に至っているのです。しかし、当時はそれが理解されず、連日大規模なデモが起こりました。日本であれほど大きなデモが起こったというのは空前にして絶後です。本当に凄いデモでした。

それは私が留学から帰った一年後でした。私は吉田安保と安保改正の基本的な違いは知っていましたから、何を馬鹿なことをやっているんだと思って見ていました。そこで岸さんを応援するために、大学内に「岸首相を励ます会」をつくって会長になりました。ところが人がなかなか集まらないのです。何人かの先生はいましたけれど、向こうは何万といるのに、こちらは十人とか二十人ですから何もできません。結局、岸首相に励ましの手紙を書くぐらいのことで終わってしまいました。それでも、岸さんの功績をあの反対の嵐の中ではっきり認めたというのは、五十年前にしては上出来だったのではないかと思っています。

◉日本が世界へ向けて発した二つのメッセージ

岸内閣の後に池田勇人内閣が成立しました。そこからは経済至上主義で、月給倍増論が唱えられ、実際にそれが物凄いスピードで進みました。その背景にあったのは、米ソ対立の激化です。そのためアメリカは日本が復興するのを邪魔しませんでした。日本が強くなることは西側が強くなることだという受け止め方をしたからです。貿易摩擦の問題が起こっても、国務省が商務省の不満を抑えていました。それで日本は高度成長を遂げることができたのです。

これは日本が世界に送った二度目のメッセージだったと思います。一度目のメッセージは大東亜戦争にいたる軍事です。軍事でも有色人種は白色人種に劣らないことを雄弁に証明しました。日露戦争では大国ロシアに陸でも海でも負けませんでした。大東亜戦争ではアメリカに負けましたが、イギリスの極東艦隊を全滅させましたし、オランダのバタビアとスラバヤ艦隊も潰しました。何よりもアメリカを相手にして三年半も戦い抜いたのを世界中が見ていたのです。だから日本が負けた時も、原爆で負けたというので同情していたわけです。

これによって軍事的な面では人種問題が解決されたと考えていいと思います。しかし、経済面では日本は弱体化したという印象が残ったかもしれません。日本は海外に持っていた領地を失い、天然資源がほとんどないことを世界中が知っていたからです。また、戦争で国土も荒廃してしまいました。

そんな国があっという間に高度成長を果たして、バブルが崩壊する前にはGNPでアメリカを抜いたのです。そのプロセスを世界中が見ていました。それによって日本は世界の後進国、あるいは先進国も含めた手本になったのです。

一九九〇年代に世界的経営学者のドラッカーが、二十世紀を振り返って一番貢献したのは日本ではないかというようなことを言っていました。その理由の一つは、民族の独立ということです。日本が登場するまでは有色人種が独立できるとは誰も思っていなかったのです。それからもう一つは、技術を外国から導入して栄えさせることができることを証明したということです。これは世界の新興国が日本の真似をしてやっていることだとドラッカーは言っています。

●世界の手本となった日本の革新的な発想と技術

日本人というのは、実に面白い発想をします。例えば、貿易さえできれば天然資源の有無は問題ではないということを妙なやり方を考え出して実現させました。一例を挙げれば鉄鋼です。鉄鋼は〝産業の米〟と言われますが、日本では鉄鉱石はほぼ産出しません。そこで海を埋め立てて海岸沿いに精錬所をつくり、オーストラリアあたりから輸入した鉄鉱石をそのまま隣接する精錬所に運ぶという方法を確立しました。運搬の手間を省いてコストダウンを図ったことによって、日本の鉄鋼生産高は急激に伸びました。この方法は重工業の考え方を変えました。そして、それを世界中が見て真似をしたのです。

それから、大きかったのは昭和四十六（一九七一）年にあった二度にわたるニクソン・ショックです。特に第二次のドル・ショック（米ドル紙幣と金の兌換《だかん》の一時停止を宣言）によって、いきなり日本の円が高くなりました。その時、水田三喜男大蔵大臣は昭和天皇に報告に行きました。円が高くなれば日本から輸出する物品の価格が高くなるので売れなくなるだろうと心配したのです。

しかし、「大変なことでございます」と報告する水田さんに対して、昭和天皇は「円が高くなるということは日本人の価値が高くなるという意味ではないのか」と言われたそうです。これは昭和天皇の言われた通りです。天皇陛下は、戦前一ドルが二円であったことを知っておられました。それが戦争の始まる直前には円が下がって、一ドル四円ぐらいになりました。戦後になると一ドル三百六十円になりました。それが百二十円ぐらいになったので、天皇陛下は嬉しく思われたのです。

その後、昭和四十八（一九七三）年にはオイルショックが起こりました。この時は原油の供給が逼迫《ひっぱく》し、価格が高騰したため、世界中が大混乱に陥りました。自動車メーカーは生産を縮小して、奇数日だけ生産にあてるといった手を打ちました。ところが、日本は違いました。石油が不足するのなら石油を食わない燃費のいいエンジンをつくればいいと、改良を始めたのです。車以外の製品も、なんでも小さくコンパクトにしようとしました。

気がついてみたら、日本からほとんどすべての技術革新が始まっていたのです。ファックスでも計算機でも小さくなりました。今ではなんでも小型化は当たり前ですが、それは日本が最初に始めたことなのです。

それまでの日本は、戦艦大和でも零戦でも、すべて欧米の技術の延長線上でつくっていました。しかし、二度のオイルショックを切り抜けているうちに、全く新しい日本初の技術が生まれて、世界中がそれに倣わざるを得なくなったのです。

二度目のオイルショックは昭和五十四（一九七九）年ですが、この時も日本はうまく乗り切りました。その結果、日本製品でなければ、あるいは日本のライセンスを取らなければ、市場で売れるものがなくなったと言われるほどになりました。昭和六十（一九八五）年九月にプラザ合意が発表されました。先進五か国（アメリカ・イギリス・フランス・西ドイツ・日本）の大蔵大臣・中央銀行総裁が集まって会議を開いて、日本の円を高くすることが決まったのです。それで日本の商品が売れなくしようとしたわけです。しかし、日本ではリストラをやりつつ徹底的な技術革新で対応したため、ほとんど影響はなく売れ続けました。逆に円が高くなったために資源が安く買えるようになりました。そうすると金がありあまるようになりました。この金あまりがバブルの背景にあったのです。

あの頃、ウシオ電機の牛尾治朗さんとある研究会で一緒になりました。私が「これだけ金あまりだと言っているなら円も国際通貨にしたらどうですか？」と聞いたことがあります。すると、牛尾さんは「それは無理でしょう。日本は大蔵省がうるさくてね。そんな国の通貨は国際通貨にはなりませんよ」と言っていました。

だから、日本人は仕方なく、あまった金で土地を買ったり株を買ったりしてバブルになったのです。そして、そのバブルを理不尽なやり方で潰したのも大蔵省です。大蔵省は、議会の議論も経ず、大蔵省銀行局長通達だけでバブルを潰したのです。それ以来、長く日本経済は低迷が続くことになりました。

◉誇り高く生きるために歴史を学ぶ

二十世紀と二十一世紀の最初の年と最後の年を比べると、何が一番大きく変わったかと言えば、人種問題であると思います。二十世紀が始まった時は人種差別が当然でした。白人が一番で、劣った民族は奴隷にされ、不平等条約で召使のように扱われました。ところが、二十世紀の日露戦争、アメリカとの戦い、日本の高度成長によって一挙に変わりました。今や世界中の国が人種平等を主張しています。その意味で二十世紀は日本の世紀であったと、ドラッカーとは違った別の観点で言えるような気がします。

ただ、これからのことを考えると、先にお話ししたように、日本にとっては過去の問題が時事問題として残っていて、これが未来の問題にもなりうるということを忘れてはなりません。また、今後の防衛問題で注意しなければならないのは、都合が悪くなったらアメリカが日本を捨てるかもしれないということです。吉田茂はかつて「アメリカは今、日本にいるけれども、アメリカが日本を去る時が知恵の出しどころになる」と言ったそうです。

例えば、アメリカはイラクから引き揚げたくてしょうがないわけです。だから、もし中国がアメリカに「代わりましょうか」と言えば、「それはありがたい」と言って代わってもらうかもしれません。「一緒にやりましょうか」と言われれば、それでも「ありがたい」と言うと思います。米中がそういう関係になった後で、中国が「尖閣列島は中国のものだと思います」と言ったとしたらどうでしょう。日本と中国が戦争になったとしても、おそらくアメリカは日本を助けないでしょう。沖縄を取られたとしても、助けてくれないと私は思います。

そこまで考えますと、我々はこの社会における生存問題を本気で考えるところに来ているのではないかと思います。

そういうわけで、これからの日本を見る時には、過去は過去ではないと思わなくてはいけません。特にアジア、中でも中国と韓国に対しては、過去は過去の問題ではなく現代の時事問題なのです。そして、彼らを黙らせるためには歴史の事実を知らなければいけません。

ところが、今の官僚、特に外務官僚などには、とにかく自分の任期の間は問題なく行きたいという意識が強く、日本が恥をかこうが何をしようがなんとかやり過ごそうというメンタリティーが蓄積されてきているように思います。これが最も心配するところです。

本当の歴史をしっかり学べば、日本が肩身の狭い思いをすることはほとんどありえないのです。もちろんあら探しをすれば、多少の問題はあるでしょう。しかし、それはどこの国も同じです。少なくとも日本は、そういう問題が他国ほど多くはないと言っていいでしょう。そう断言できるほど、日本人は誇り高い生き方をしてきたのです。そんな生き方を、ぜひ歴史から学んでいただきたいと思います。

編集後記

本書は平成十九年に開催された弊社主催の『渡部昇一「歴史講座」子々孫々に伝えたい日本の昭和史』での講演を書籍化したものです。

渡部先生が平成二十九年四月十七日に逝去されてから早三年の月日が経とうとしています。先生は生前、正しい歴史に学ぶ大切さを強調されていました。本書でも繰り返し述べられているように、歴史は時として対立する勢力により捏造され、改変されてきました。しかし、多くの人はそこに気づかないまま、本当のこととして信じ込んでいます。それが後世に残す禍根の大きさに渡部先生は危惧の念を抱き、正しい歴史を語り伝えることに尽力されていました。

昨今はインターネットの普及で、昭和の時代には考えられなかったほど種々雑多な情報が飛び交うようになりました。その中から本当に正しいものを選び取るのは簡単なことではありません。過去の歴史に学ぶ意義は、より一層大きくなってきているように感じます。正しい歴史を知り、正しい判断を下すための一助として、本書を活用していただくことを切に願います。

〈著者紹介〉

渡部昇一（わたなべ・しょういち）

昭和5年山形県生まれ。30年上智大学文学部大学院修士課程修了。ドイツ・ミュンスター大学、イギリス・オックスフォード大学留学。Dr.phil.,Dr.phil.h.c. 平成13年から上智大学名誉教授。幅広い評論活動を展開した。平成二十九年逝去。著書は専門書のほかに『渡部昇一 一日一言』『四書五経一日一言』『渋沢栄一　人生百訓』『「名将言行録」を読む』『論語活学』『歴史に学ぶリーダーの研究』『「修養」のすすめ』『中村天風に学ぶ成功哲学』『松下幸之助　成功の秘伝75』『賢人は人生を教えてくれる』『伊藤仁斎「童子問」に学ぶ』、共著に『子々孫々に語り継ぎたい日本の歴史1・2』『生き方の流儀』『国家の実力』『歴史の遺訓に学ぶ』『渡部昇一の少年日本史』『［新装版］貞観政要』（いずれも致知出版社）などがある。

これだけは知っておきたい ほんとうの昭和史

令和二年三月二十五日第一刷発行

著者　渡部　昇一

発行者　藤尾　秀昭

発行所　致知出版社

〒150-0001 東京都渋谷区神宮前四の二十四の九

TEL（〇三）三七九六―二一一一

印刷・製本　中央精版印刷

落丁・乱丁はお取替え致します。

（検印廃止）

ISBN978-4-8009-1228-2 C0095

ホームページ　https://www.chichi.co.jp

Eメール　books@chichi.co.jp